l'imaginaire
captif

hubert
aquin

rené lapierre

l'imaginaire
captif

hubert
aquin

Quinze/prose exacte

Collection dirigée par François Hébert

Maquette de la couverture : Gaétan Forcillo
Photographie de François Dumouchel

LES QUINZE, ÉDITEUR
(Division de Sogides Ltée)
955, rue Amherst, Montréal
H2L 3K4
tél. : (514) 523-1182

Distributeur exclusif pour le Canada :
AGENCE DE DISTRIBUTION POPULAIRE INC.
(Filiale de Sogides Ltée)
955, rue Amherst, Montréal
H2L 3K4
tél. : (514) 523-1182

**Le commencement n'est le commencement
qu'à la fin.**

(Schelling, citation extraite du film *Deux épisodes dans la vie d'Hubert Aquin*,
de Jacques Godbout et François Ricard, et servant d'exergue au dernier
roman (inachevé) d'Aquin : *Obombre*.)

Introduction

Je fonctionne sur une longueur d'ondes mystifiante et qui ne mystifie que moi.

(Hubert Aquin, *Point de fuite*, Montréal, Cercle du Livre de France, 1971, p. 10-11.)

Commencement, fin

L'oeuvre d'Hubert Aquin n'est pas simple ; cela, au moins, est assez connu. Mais cette complexité inquiète ou fascine pour des raisons dont on ne s'ouvre pas volontiers. En effet cette oeuvre difficile, qui parle couramment tous les langages de la dissimulation, semble inspirer plutôt l'admiration que le questionnement. Elle exerce indiscutablement sur ses lecteurs — la fascination dont témoignent la plupart des études qui lui ont été consacrées à ce jour l'atteste — un très fort pouvoir de séduction ; il existe de toute évidence un « mythe » d'Aquin dont la portée réelle semble échapper au simple mérite d'avoir écrit de bons livres pour toucher plutôt, en chacun, quelque chose de plus vulnérable et de plus secret.

Ce point sensible, chez le lecteur d'Aquin, pourrait peut-être se définir par l'obscure conviction d'avoir devant soi une oeuvre redoutablement « entière », une oeuvre dont les exigences (à caractère absolu) ont implacablement envahi tous les plans de la vie de l'auteur, faisant peu à peu de celle-ci cette *oeuvre globale* qu'il considérait lui-même, ainsi que le rapporte Patricia Smart, comme son « super chef-d'oeuvre [1] »... Ce saisissant spectacle d'une existence assujettie à la littérature, possédée par elle en dépit de la résistance qu'Aquin lui a longtemps opposée, a évidemment de quoi surprendre ; quelque chose y dépasse en effet la définition strictement littéraire du travail de l'écrivain et signale chez lui l'existence d'une fascination supérieure pour ce qui ne *peut* pas être écrit, ce qui ne *saurait* être formulé. Le lecteur voit ainsi se développer devant lui une sorte d'*oeuvre-non-oeuvre* assez intrigante, une oeuvre où le désir d'écrire le dispute constamment au refus d'écrire, et où le silence, sans cesse, se profile sous les mots et les phrases, derrière le voile du langage.

---

1. P. Smart, « Blocs erratiques » (compte rendu), dans *Livres et auteurs québécois 1977*, Presses de l'université Laval, p. 210.

Cette approche hésitante et incertaine, cette pratique réticente de l'écriture assure sans doute à l'oeuvre d'Aquin une part importante de son pouvoir de séduction ; à travers tous ses empêchements et ses contradictions, celle-ci propose en effet au lecteur — à l'écrivain plus ou moins virtuel qu'il représente — une image qui pourrait fort bien être la sienne et qui lui appartient déjà, en quelque sorte, au moment même où l'auteur écrit un texte :

(...) cela veut dire, dans la pratique, que je suis préoccupé jusqu'à l'obsession par le lecteur. En écrivant, j'imagine que je me lis par les yeux de cet inconnu et je voudrais que son plaisir de lire mon texte ne soit pas uniforme, constant, prévisible en quelque sorte, mais avec plusieurs seuils d'intensité, enrichissant, capable de le surprendre, voire de l'ébranler et difficile à prévoir. Quand j'écris, je pense au lecteur comme à la moitié de mon être, et j'éprouve le besoin de le trouver et de l'investir [2].

Mais il y a plus ; dans les romans d'Aquin, en effet, le lecteur — celui qui épie, et qui *sait* — menace constamment semble-t-il de remplacer l'auteur, de substituer son regard au sien. Les personnages eux-mêmes, dans la diégèse, se livrent perversement — sitôt qu'ils écrivent — à la lecture de quelque instance supérieure de la narration et ne trouvent plus que dans ce témoignage (redoutable, on le verra) la confirmation — la limite — de leur propre existence. Lire, écrire ne constituent donc pas chez Aquin des actes libres, mais plutôt les simples épisodes d'une quête de la connaissance et de l'identité condamnée à s'étourdir dans le vertige du texte spéculaire. Le travail de la lecture (et de l'écriture) se poursuit en quelque sorte ici à l'intérieur d'une réflexivité sans fin, dans un espace du repliement et du miroir qui n'offre jamais vraiment de terme — d'objet, de fin — à notre regard...

Sans cesse, de *Prochain épisode* à *Neige noire*, les textes d'Aquin semblent ainsi lus par des lecteurs préalables, qui nous précèdent interminablement nous, lecteurs ordinaires, au sein d'un univers dont l'auteur lui-même n'est plus l'uni-

---

2. H. Aquin, « La disparition élocutoire du poète », dans *Blocs erratiques*, Montréal, Éditions Quinze, 1977, p. 263.

que créateur, ni le premier témoin. Tout précède, tout suit l'écriture, inévitablement. « Je n'écris pas, je suis écrit [3] », avoue d'emblée le narrateur de *Prochain épisode* ; « je me vois écrire ce que j'écris [4] », répond pour sa part, d'une voix qui semble déjà plus lointaine, celui de *Trou de mémoire*. En les multipliant presque à l'infini, l'écriture d'Aquin voile en quelque sorte à l'oeuvre ses objets, elle la rend peu à peu aveugle devant le monde, impuissante devant le langage, et voue finalement son sens à la caution circulaire, autistique, d'une relecture infinie. Tout ceci *dans* l'oeuvre, en circuit absolument fermé : par le biais de procédés très divers (notes d'éditeur ou d'auteur, commentaires de personnages-lecteurs, multiplication des points de vue narratifs, recours aux codes techniques du théâtre, de la peinture, du scénario, etc.), les textes d'Aquin placent progressivement entre eux et nous une sorte d'écran, un filtre légèrement brouillé derrière lequel se superposent d'innombrables couches de lecture et divers registres de parole, d'écriture.

Au milieu de tous ces croisements, obstinément, l'oeuvre s'emploie à formuler le principe d'une infinie ressemblance entre lecteurs et auteur, auteurs et lecteur ; mais tous les textes du romancier semblent bien dissimuler, à l'intérieur de ce principe même, le sentiment que la différenciation du moi et du collectif n'est pas clairement concevable : « Le texte, rappelait Aquin, ne remplit pas la page, pas plus que l'être humain n'occupe la plénitude de son champ existentiel (...) En fin de compte et somme toute, c'est le néant qui différencie l'être et non pas l'être le néant [5] ». Le néant, la marge, le silence ne sont donc plus eux-mêmes que des espaces de lecture neutralisés, qui dispensent en fait l'auteur — et par lui le lecteur, nouvel auteur multiple et indifférencié — d'affirmer distinctement leur propre identité, d'énoncer clairement les termes de leur relation au monde...

3. H. Aquin, *Prochain épisode,* Montréal, Cercle du Livre de France, 1965, p. 89.
4. H. Aquin, *Trou de mémoire,* Montréal, Cercle du Livre de France, 1968, p. 55.
5. H. Aquin, « Le texte ou le silence marginal ? », dans *Blocs erratiques,* p. 269-270.

C'est cette réserve du discours aquinien, sans doute, qui se trouve à l'origine de la ferveur un peu envoûtée dont l'oeuvre du romancier a jusqu'ici été l'objet ; en laissant s'épuiser, dans un constant recommencement, la relation du personnage et du lecteur à l'écriture (tout en la bloquant peu à peu, nous le verrons, du côté de l'auteur), celle-ci maintient en effet dans toute sa disponibilité un jeu de ressemblances et de sollicitations qui ouvre, irrésistiblement, sur la fascination. Plongé tout entier dans un univers du semblable et de l'indéterminé (qui fait une concurrence efficace aux notions différenciatrices du Même et de l'Autre, sur lesquelles nous reviendrons plus loin), le texte d'Aquin force le lecteur à choisir, entre diverses images et diverses cultures, un visage et un langage qui *devront* être les siens. Sitôt qu'il entre en contact avec le texte, le lecteur est effectivement invité à se « reconnaître », à identifier dans l'une ou l'autre de ses figures les signes de sa présence *à lui*, les traces de cette lecture préalable que l'auteur ne pouvait effacer de son texte et qu'il a finalement pris le parti de souligner, d'accentuer : « j'ai toujours imaginé, disait Hubert Aquin, le lecteur au-dessus de mon épaule, en train de me déchiffrer pendant que j'écris (...) Je ne peux pas me souvenir d'une seule fois où ça ne m'a pas dérangé (...) C'est un processus continuel de réflexivité. Cela modifie mes opérations mentales, mes opérations imaginaires [6] ». Toutes sortes de miroirs langagiers, culturels, idéologiques, sont ainsi disposés comme des pièges, un peu partout dans les romans ; ils invitent invariablement le lecteur à parcourir un espace indéterminé du *semblable*, à contempler un scintillement de langages au fond duquel menace toujours de s'ouvrir, inerte et sans fin, l'espace de la fascination.

L'oeuvre d'Aquin provoque délibérément, pourtant, cette magie qui lui est nécessaire et qui semble conjurer, dans une ressemblance infinie, l'altérité du monde et de l'Autre, l'étrangeté en eux de ce qui serait *déjà* langage, corps, pouvoir. Cette oeuvre cherche désespérément à tout dire ; elle tente d'épuiser dans son parcours les ressources de la culture et de

---

6. « Hubert Aquin et le jeu de l'écriture », interview réalisée par Anne Gagnon, dans *Voix et images*, Montréal, P.U.Q., vol. 1, no 1, p. 8-9.

l'érudition, pour circonvenir la réaction du lecteur (la piéger, littéralement) et l'investir. Tout, croirait-on, doit être dit, avec violence et précipitation, afin que rien d'*Autre* ne puisse avoir lieu, c'est-à-dire être lu, *distingué* par le lecteur :

En fait je me décharge, dans l'écriture ou dans mes livres, d'une certaine partie de mon agressivité ; je deviens agressif contre le lecteur tout en me réjouissant qu'il soit éventuellement là en train de me lire et du coup, une fois que je l'ai bien attrapé dans la lecture, là je le piège, je lui rends la lecture quasiment impossible ou à tout le moins difficile.
(...)
Je me suis même réjoui de ce que certains lecteurs aient décroché de *Trou de mémoire* tellement ils étaient abasourdis ou ahuris. C'est assez pernicieux, pervers comme attitude [7].

Ce désir tout particulier d'englober, de circonscrire le possible en « programmant », à l'intérieur même des énoncés narratifs, à peu près toutes les stratégies imaginables de lecture (et, indirectement, d'écriture) semble avoir fait croire jusqu'ici à une espèce de modernité exemplaire de l'oeuvre d'Aquin. Bien sûr, ce spectacle étonnant d'un écrivain assujetti à son écriture et aspiré, en quelque sorte, par sa propre fiction, cette image d'un auteur prisonnier de ses jeux de miroirs, tout cela suggère assez fortement l'existence d'une problématique éminemment contemporaine de la littérature. Les livres d'Aquin ont du reste été assimilés maintes fois, sous le rapport des structures narratives, au Nouveau Roman, et ils n'ont pas cessé, dans l'ensemble, d'être considérés comme avant-gardistes et même révolutionnaires. Mais on a conclu un peu rapidement, semble-t-il, que les dédales et les abymes du roman aquinien recelaient, dans la réserve inouïe de leurs possibles lectures, un jeu comparable à celui des fictions de Borges ou de Joyce : ce même refus de renforcer, au sein du langage, le sentiment ordinaire du réel, un même désir de tromper, au fond du discours, l'attente du raisonnable, du prévisible. Or, une telle similarité n'est pas du tout évidente ; aussi cette résistance de l'écriture à la lecture, à la différenciation du moi et de l'Autre, dans l'espace fictionnel du

---

7. « Hubert Aquin et le jeu de l'écriture », p. 9.

roman, doit-elle ici être analysée plus à fond. Si les romans d'Aquin tiennent tant à régir, à ordonner (ou à saper) toutes leurs lectures éventuelles, s'ils sont animés à ce point du désir de circonscrire le lecteur et d'empêcher qu'en s'éprouvant comme Autre, celui-ci échappe aux pièges du récit et s'évade dans un monde que l'oeuvre enfin ne contient plus, ne *referment*-ils pas alors le possible beaucoup plus qu'ils ne le livrent ? Et ne s'agit-il pas là, à la limite, d'une opération tout à fait contraire à la définition globale du texte de la modernité, et d'un projet qui échappe à son essentiel désir de décloisonner l'imaginaire, d'empêcher l'écriture de revenir à une formulation finie, circulaire, du langage et du monde ?

Dans cette oeuvre complexe, en effet, qui multiplie à dessein les systèmes et les codes, tout entrave (tout double et voile à la fois), au fond du discours, la libre circulation des signes et celle de leurs lectures ; tout appartient déjà, en d'autres termes, et ce dès le début, à une mystique refermée de l'écriture, parcourue d'une violence, d'une terreur qui déborde l'univers de la fiction pour restreindre, baliser celui du lecteur. De *Prochain épisode* à *Neige noire*, l'écriture d'Aquin semble bien se soustraire, de plus en plus, à l'attraction de son propre imaginaire (de son propre réel) et tendre peu à peu à s'effacer derrière son commencement obscur et virtuel. Elle se refuse, en fait, à cette pratique du langage qui mène aujourd'hui la littérature vers le possible, mais aussi vers l'imprévu, l'étranger. Toute cette oeuvre romanesque constitue ainsi, en quelque sorte, une longue occultation du *terme* maintenant indécidable du discours, une marche révoltée — mais incessante — du récit vers le silence et vers la mort inscrits au fond de son propre langage. Qu'est-ce, pourtant, qui incite l'écrivain, le lecteur, à partager là cet émoi sombre de l'écriture, qu'est-ce qui les porte ensemble vers cette célébration mystifiée du texte et de l'art ?

Il y aurait, bien entendu, plusieurs manières d'aborder de telles questions. Ici, cependant, seul l'ordre chronologique de la publication des quatre romans d'Aquin imposera une certaine contrainte méthodologique. Dans sa redoutable cohérence, en effet, le récit aquinien obéit à une logique serrée de la dégradation, dont l'éloquente progression mérite assurément d'être bien observée : c'est en elle, précisément, que s'inscrit le sens global de l'évolution de l'oeuvre (entre 1948 et 1977), par elle, également, qu'un ordre temporel et spatial progressivement perturbé apparaît au sein de l'écriture, et par elle enfin que se confondent peu à peu dans une sorte de gouffre mystique le noir et le blanc, le démoniaque et le divin, la fin et le commencement. Cela se fait sans hâte, sans retour, et nous découvre lentement la position assez particulière que l'oeuvre occupe dans le tableau général de la modernité, sinon de la culture...

De *Prochain épisode* à *Obombre*, ce dernier roman qu'il n'a pas écrit (mais qui, dans son absence même, *existe* pourtant), Aquin travaille dans le vertige et dans le sursis ; ses romans s'inscrivent, dangereusement, dans un espace incertain déployé entre l'en-deçà et l'au-delà, un espace qui suivrait la fin et qui précéderait le commencement. Qu'est-ce qui anime au fond cette écriture, jetée comme un masque au-dessus des visages, des voix et des noms ? Qu'est-ce qui y détermine une si grande violence, une si visible terreur ?

Dans une sorte d'équilibre stupéfiant entre la révolte et l'effroi, l'oeuvre se livre tout entière à une poétique de la tension, de l'épuisement et de la chute ; *elle ne nous répond rien* mais elle explique, interminablement, un silence fondamental qu'elle ne maîtrise pas, et qui l'attend...

C'est au fond de cette attente qu'il faut aller ; derrière le tumulte.

L'art est une fête, mais excédante, trop forte ; c'est un miroir où je me vois depuis trop longtemps et que tout à coup je fracasse avec mon seul regard concentré. Le propre de l'art est de surprendre l'homme en flagrant délit de profondeur. Même celui qui s'attend à tout de lui-même, garde un secret effroyable ou grandiose : c'est là que frappe l'art, très près du mystère.

(Hubert Aquin, « Pensées inclassables », le Quartier latin, 24 janvier 1950, p. 2.)

Il faut dire plus : comme cela s'exprime constamment de la manière la plus naïve ou la plus subtile, créateur est le nom que l'artiste revendique, parce qu'il croit prendre ainsi la place laissée vide par l'absence des dieux.

(Maurice Blanchot, l'Espace littéraire, Paris, Gallimard, 1955, p. 293.)

1

PROCHAIN ÉPISODE

L'essentiel manquant

Moins verbatile, ma tristesse court secrète dans mes veines. La musique hantée de Desafinado chasse le soleil. Je le vois se coucher en flammes au milieu du lac Léman et incendier de sa lumière posthume les strates argileuses des Préalpes. Ville sept fois ensevelie, la mémoire écrite n'est plus effleurée par la flamme génératrice de la révolution. L'inspiration délinquante se noie dans la seiche qui fait frémir le lac devant Coppet.

Rien n'est libre ici : ni mon coup d'âme, ni la traction adipeuse de l'encre sur l'imaginaire, ni les mouvements pressentis de H. de Heutz, ni la liberté qui m'est dévolue de le tuer au bon moment. Rien n'est libre ici, rien : même pas cette évasion fougueuse que je téléguide du bout des doigts et que je crois conduire quand elle m'efface. Rien ! Pas même l'intrigue, ni l'ordre d'allumage de mes souvenirs, ni la mise au tombeau de mes nuits d'amour, ni le déhanchement galiléen de mes femmes. Quelque chose me dit qu'un modèle antérieur plonge mon improvisation dans une forme atavique et qu'une alluvion ancienne étreint le fleuve instantané qui m'échappe. Je n'écris pas, je suis écrit. Le geste futur me connaît depuis longtemps. Le roman incréé me dicte le mot à mot que je m'approprie, au fur et à mesure, selon la convention de Genève régissant la propriété littéraire. Je crée ce qui me devance et pose devant moi l'empreinte de mes pas imprévisibles. L'imaginaire est une cicatrice. Ce que j'invente m'est vécu, mort d'avance ce que je tue. Les images que j'imprime sur ma rétine s'y trouvaient déjà. Je n'invente pas. Ce qui attend H. de Heutz dans ce bois romantique qui entoure le château de Coppet me sera bientôt communiqué quand ma main, engagée dans un processus d'accélération de l'histoire, se lancera sur des mots qui me précèdent. Tout m'attend. Tout m'antécède avec une précision que je dévoile dans le mouvement même que je fais pour m'en approcher. J'ai beau courir, on dirait que mon passé antérieur a tracé mon cheminement et proféré les paroles que je crois inventer.

(*Prochain épisode*, Montréal, Cercle du Livre de France, 1965, p. 88 et 89.)

L'écriture divisée

Ce passage, tiré des pages 88 et 89 de *Prochain épisode*, se situe assez loin dans le roman pour que le lecteur soit en mesure de connaître son contexte, que l'on peut ici rappeler en quelques lignes.

Après avoir hésité un moment devant les multiples formes que pouvait prendre son désir d'écrire, le narrateur, un prisonnier séjournant en clinique psychiatrique dans l'attente de son procès, opte pour le roman d'espionnage. Il échafaude alors quelques plans d'action et imagine plusieurs personnages plus ou moins intéressants, parmi lesquels on distingue un certain Hamidou Diop, arbitrairement envoyé en mission de contre-espionnage à Lausanne. Bientôt, cependant, un dénommé H. de Heutz s'introduit lui aussi, à la faveur d'un entrefilet que le narrateur se rappelle avoir découpé, dans ce début de roman. Ce nouveau personnage énigmatique rencontre très vite, pour des raisons inconnues, Hamidou Diop qui semble être son complice. Peu à peu, une intrigue plus précise se dessine donc — littéralement — sous nos yeux... Plus précise peut-être, mais non moins complexe ; car à Lausanne, à l'hôtel de la Paix où il s'est subitement transporté pour les besoins de son roman, le narrateur lui-même est progressivement attiré au sein de ce qu'il raconte comme en une prison seconde : il reçoit personnellement un cryptogramme indéchiffrable, sorte de somme des difficultés qu'il affronte à la fois comme prisonnier et comme écrivain, et rencontre enfin, au début du troisième chapitre, une femme qu'il connaît et dont il est follement amoureux : K. Celle-ci, au chapitre suivant, confie brusquement au narrateur une mission difficile contre un banquier suisse, un certain Carl Von Ryndt, alias H. de Heutz. Devenu subitement, de ce fait, son propre héros, le narrateur se lance donc à la poursuite du banquier-agent secret, qu'il doit éliminer en vingt-quatre heures puisqu'il a rendez-vous avec K le lendemain, à l'hôtel d'Angleterre.

La poursuite de H. de Heutz se mêle dès lors à la quête du roman, la dédouble, la complique et menace de tout gâcher : le narrateur tombe en effet, maladroitement, aux mains de H. de Heutz et il est gardé prisonnier au château d'Echandens... Mais à l'aide d'une histoire invraisemblable de déprimé mégalomane, il réussit à renverser la situation et à s'évader du château en emmenant son ennemi en otage jusqu'au bois de Coppet, où il compte en finir avec lui. Or, une fois là, voici que H. de Heutz mystifie à son tour le héros en reprenant presque mot pour mot son histoire malheureuse ; à partir de ce moment, le faux banquier peut exercer sur le narrateur-héros une fascination dont celui-ci aura de plus en plus de mal à se défaire, au point de finir par douter de sa propre identité dans ce jeu de doubles qui l'oppose à H. de Heutz et l'empêche de parvenir à la fin de son roman. Le sort du narrateur (et du héros) tient alors dans cette seule question : H. de Heutz aura-t-il la vie sauve ?

C'est ici que l'on retrouve le passage de tout à l'heure. Celui-ci s'impose d'abord par l'impression de coupure, de rupture qu'il provoque ; comme cela se produit souvent dans *Prochain épisode*, ce début de chapitre marque par rapport à celui qui le précède un temps d'arrêt, de réflexion, que le narrateur emploie à faire le point de son récit. Deux histoires sont en effet racontées dans le roman ; la première, dont l'exploit central est constitué par le fait même d'écrire un roman, permet au narrateur d'exposer sa situation et d'annoncer les liens qui uniront sa propre histoire au déroulement de la fiction qu'il entrevoit. Cette première dimension du récit n'est pourtant que le cadre d'une histoire au statut fictionnel plus autonome, que l'on peut désigner comme l'histoire d'espionnage du roman, celle où H. de Heutz et le narrateur-héros se livrent leur lutte exigeante et risquée. Les deux histoires, cependant — l'histoire d'écriture et l'histoire d'espionnage — ne constituent pas dans *Prochain épisode* des entités distinctes ; chacune présente plutôt une version complémentaire de l'autre. L'histoire d'espionnage, pour sa part, métaphorise les données de l'histoire d'écriture et lui procure un aspect référentiel, un code fictionnel relativement stable ; l'histoire d'écriture, elle, permet au lecteur de décoder la fiction au moyen des coordonnées autobiographiques du narrateur, ouvertes en dernière analyse sur celles de l'écrivain, de l'auteur, plus ou moins dissimulé derrière ce qu'il raconte et qui, sans cesse, le trahit.

Il est cependant important de remarquer que chacune des dimensions du récit de *Prochain épisode* évolue dans un espace particulier, selon un mouvement qui lui est propre. D'un côté, l'histoire d'écriture du narrateur détermine en effet, comme dit Ricardou, une dimension « littérale [1] » essentiellement établie à l'intérieur d'une thématique de la plongée et de l'enfermement :

Coincé dans ma sphère close, je descends, comprimé, au fond du lac Léman et je ne parviens pas à me situer en dehors de la thématique fluante qui constitue le fil de l'intrigue. Je me suis enfermé dans un système constellaire qui m'emprisonne sur un plan strictement littéraire, à tel point d'ailleurs que cette séquestration stylistique me paraît confirmer la validité de la symbolique que j'ai utilisée dès le début : la plongée (P.E. p. 22) [2].

(Les eaux du Rhône et du lac Léman, naturellement, deviennent le lieu d'élection de cette descente, engloutissement périodique du narrateur dans son impuissance et dans son passé problématique.) D'un autre côté, cependant, l'histoire d'espionnage du roman oppose à cette « séquestration stylistique » une dimension « référentielle [3] » de remplacement — ou, plus précisément, de transgression — qui tend à s'établir *autour* du lac, sur la terre ferme, et à se dérouler horizontalement au milieu des multiples déplacements du héros : « C'est autour de ce lac invisible que je situe mon intrigue » (P.E. p. 10). Des feintes de toutes sortes, diverses poursuites en auto-

---

1. Voir J. Ricardou, *le Nouveau roman*, Paris, Seuil, coll. « Écrivains de toujours », p. 27 et ss.

2. Désormais les chiffres entre parenthèses, précédés d'initiales, renverront aux pages de l'un ou l'autre des quatre romans d'Aquin : P.E. pour *Prochain épisode* (Montréal, Cercle du Livre de France, 1965), T.M. pour *Trou de mémoire* (C.L.F., 1968), A. pour *l'Antiphonaire* (C.L.F., 1969) et N.N. pour *Neige noire* (La Presse, 1974).

3. Voir J. Ricardou, *le Nouveau roman*, Paris, Seuil, coll. « Écrivains de toujours », p. 27 et ss.

mobile entre Genève, Lausanne et plusieurs petits villages alpins signalent le caractère rapide et instable de cette intrigue fuyante, fréquemment interrompue par les énoncés réflexifs du narrateur. La coexistence des histoires d'espionnage et d'écriture détermine en effet dans le texte un découpage, une segmentation plus ou moins régulière, articulée sur le principe d'une alternance qui n'est toutefois pas systématique :

Ici, mon seul mouvement tente de nier mon isolement ; il se traduit en poussées désordonnées vers des existences antérieures où, au lieu d'être prisonnier, j'étais propulsé dans toutes les directions comme un missile débauché. De cette contradiction vient sans doute la mécanique ondulatoire de ce que j'écris : alternance maniaque de noyades et de remontées (P.E. p. 93-94).

Or, au début du passage que nous avons pu relire tantôt, le récit semble justement entrer dans l'une de ses phases caractéristiques de décélération, d'apesanteur. Vers la fin du chapitre précédent, pourtant, le héros tenait H. de Heutz à sa merci, au fond du bois de Coppet. Mais l'histoire que le faux banquier lui a racontée, cette reprise sans originalité de son propre alibi, a suffi à inspirer au héros un sentiment de trouble sympathie envers cet ennemi jumeau, fascinant :

Cet inconnu que je regarde m'attire à l'instant même où je m'apprête à le tuer. Son mystère déconcerte ma préméditation et je reste pantelant devant lui, incapable de diriger mes pensées vers un autre objet et de combattre l'attirance morbide qu'il exerce sur moi (P.E. p. 87-88).

Cette hésitation du héros se communique très vite à la parole du narrateur, redevenu au début de notre chapitre (le dixième) l'unique instance narrative du récit. C'est cependant devant une intrigue fortement dévaluée que ce narrateur se retrouve à ce moment ; impuissante à lui redonner le contrôle des événements, son intervention marque même, par rapport à la finale en chute libre du chapitre précédent, une rupture plus profonde encore : « Moins verbatile, ma tristesse court secrète dans mes veines » (P.E. p. 89). Le procès d'énonciation, dès lors, se poursuit en quelque sorte en circuit fermé, au sein d'un emprisonnement inévitable et conscient. Avec la prise de parole du narrateur, tout devient effectivement immobilité, vertige, « art de la défaite [4] » exemplaire. Son regard se porte en arrière, sur le passé récent (scriptural) d'une histoire d'espionnage avortée, avant d'atteindre, quelques lignes plus bas, le passé nostalgique et plus lointain de sa propre histoire obsédante : « je n'arrive pas à trouver autre chose que des mots frappés à l'effigie de la femme absolue rencontrée quelque part entre Acton Vale et Tingwick (...) » (P.E. p. 90). Le rappel du soleil, du lac, des Préalpes et de l'air de Desafinado n'est plus ici d'aucun secours ; tout processus historique semble aboli, tout espoir insurrectionnel éteint : « Ville sept [5] fois ensevelie, la mémoire écrite n'est plus effleurée par la flamme génératrice de la révolution ».

La disposition parataxique, par l'absence profonde de liens qu'elle autorise ici entre les phrases (sauf dans le cas de la troisième) du narrateur, ainsi que le fort degré métaphorique des formules qu'il utilise, évoquent même un automatisme, un délire verbal tout à fait contraire à l'esprit du modèle initial de ce livre : le roman d'espionnage. L'imaginaire est en déroute, tout le projet d'écriture du narrateur n'évoque plus que l'encre perdue, le frémissement dérisoire d'une seiche : « L'inspiration délinquante se noie dans la seiche qui fait frémir le lac devant Coppet ». Tout se passe comme si, dans sa tentative d'écrire un roman pour se rapprocher de lui-même, de son passé (historique, amoureux) lancinant et de sa liberté perdue, le narrateur n'était pas en mesure d'utiliser l'instrument de transgression — l'histoire d'espionnage — qu'il avait prévu :

---

4. H. Aquin, « L'art de la défaite », dans *Liberté*, vol. 7, nos 1-2, 1965, p. 33-41.

5. Ce chiffre sept, comme plusieurs des « précisions » du narrateur, paraît ici assez énigmatique. En général, ce genre d'information semble provenir de références extra-textuelles plus ou moins hermétiques, tout en projetant sur le fonctionnement même du texte une certaine lumière. La « ville sept fois ensevelie » pourrait par exemple rappeler qu'au début de ce chapitre, en revenant à son passé irrésolu et obsédant, le narrateur abandonne pour la septième fois son histoire d'espionnage...

Je ne peux pas briser les cerceaux qui m'enserrent, pour aller vers cette maison qui nous attend sur la route sinueuse qui va de Papineauville à la Nation, pour aller vers toi mon amour (...) Mais comment me déprendre de cette situation ? Impossible. Comment me défaire de H. de Heutz ? (P.E. p. 79)

Écrire, occupation d'abord destinée à empêcher le narrateur de sombrer dans le découragement, ne s'avère donc ici d'aucun secours : « Rien n'est libre ici, rien : pas même cette évasion fougueuse que je téléguide du bout des doigts et que je crois conduire quand elle m'efface » (P.E. p. 88).

Pourtant, au début de ce roman, les choses n'allaient pas si mal. Le narrateur avait découvert le moyen de rentabiliser sa situation de prisonnier en la reliant aux empêchements de son passé personnel en même temps qu'à ceux de tout un peuple. Son histoire, dans ces conditions, semblait devoir aller d'elle-même vers une solution quelconque : écrire serait un geste fracassant, l'acte décisif d'une rédemption individuelle et collective qui mènerait à la révolution, à la délivrance finale. Tout n'a cependant pas fonctionné comme prévu. L'emprisonnement du narrateur d'une part, et l'intrigue d'espionnage qu'il prévoyait écrire d'autre part, ont très vite polarisé les tensions de l'écriture et opposé de manière irréductible le passé et le futur, l'incarcération et la libération, la mémoire et l'imagination. Si bien que ces éléments inconciliables sont devenus antagonistes, se contaminant peu à peu les uns les autres et permettant enfin qu'on les confonde. Hamidou Diop, bien reconnaissable et même assez voyant, a alors cédé la place à un H. de Heutz moins pittoresque et plus dangereux ; le narrateur, de son côté, semble avoir progressivement écarté le projet de mettre en scène quelque héros désinvolte, bien distinct de lui-même, et s'être discrètement introduit à sa place en Suisse, à Lausanne : « Entre le 26 juillet 1960 et le 4 août 1792, à mi-chemin entre deux libérations et tandis que je m'introduis, enrobé d'alliage léger, dans un roman qui s'écrit à Lausanne, je cherche avidement un homme (...) » (P.E. p. 19). Cet homme, bien sûr, c'est H. de Heutz, à qui Hamidou vient de serrer la main en lui confiant en quelque sorte le relais de l'histoire. Toutefois, le héros n'en a pas encore la certitude. Pour l'instant, seul un message codé, indéchiffrable, qu'on lui a remis au comptoir de l'hôtel permet que son séjour en Suisse ne soit pas tout à fait immotivé. Mais de toute manière le narrateur, assez dérouté devant les événements épars de son livre, décroche bientôt de l'intrigue et s'abîme dans un affaissement silencieux : « En moi, déprimé explosif, toute une nation s'aplatit historiquement et raconte son enfance perdue, par bouffées de mots bégayés et de délires scripturaires et, sous le choc noir de la lucidité, se met soudain à pleurer » (P.E. p. 25).

Il faudra attendre, en fait, l'arrivée de K dans le récit pour que les données disparates du roman prennent un sens. Cette femme, que le narrateur aime éperdument (et dont il a été séparé pendant douze mois), fait aussi partie des services secrets du F.L.Q. en Europe. Elle est, en outre, remarquablement informée sur toutes les opérations du réseau, peut-être à cause d'une certaine intimité, qu'elle trahit sans le vouloir, avec le patron nommé Pierre... Elle révèle ainsi au narrateur, en quelques mots, la véritable identité de H. de Heutz, ainsi que les raisons qui l'ont amené en Suisse : ce faux banquier est en réalité un agent de contre-espionnage dont il faut se défaire dans les vingt-quatre heures, à n'importe quel prix. Discrètement, K transmet alors la mission dont elle était chargée au narrateur : « K m'a regardé longuement, avec défi et amour à la fois. Nous nous sommes compris » (P.E. p. 42). C'est donc elle qui, en assignant à ce dernier une mission précise, catalyse les divers éléments de son récit et le transforme subitement en un héros de roman lancé à la poursuite de H. de Heutz. Muni de l'investiture politique et amoureuse de K, c'est bien en elle effectivement que le héros trouve son origine : « Je serai jusqu'au bout celui que j'ai commencé d'être avec toi, en toi » (P.E. p. 74).

Cependant, il apparaît très vite que ce héros ne correspond pas au type d'homme d'action consacré par le roman d'espionnage ; il n'a pas l'assurance insolente de James Bond, ni le pouvoir plus secret de Ferragus. En fait, il s'avère que le narrateur est incapable d'arriver, par le détour (le biais fictionnel) d'une histoire d'espionnage, à une approximation satisfaisante du héros efficace, vraisemblable et logique. Et il ne le peut pas parce qu'il ne se soustrait pas à temps, malgré son désir de se conformer à « la tradition du roman d'espionnage » (P.E. p. 8), à la tentation du Livre, de la vraie littérature. Le roman d'espionnage se présente en effet, dans *Prochain épisode*, sous un aspect indiscutablement sécurisant (« J'éprouve une grande sécurité, aussi bien me l'avouer, à me pelotonner mollement dans le creuset d'un genre littéraire aussi bien défini » (P.E. p. 8) ; manifestement, aux yeux du narrateur, ce style de fiction n'appartient pas profondément à la littérature en ce sens qu'il ne procède pas d'une interrogation vitale, mais qu'il résout au contraire ses propres énigmes — plus ou moins stéréotypées — au moyen des données qu'il se communique à lui-même. Il serait donc le genre par excellence de l'« évasion ». Or, le narrateur n'arrive pas à se plier aux exigences de cette semi-littérature :

Écrire un roman d'espionnage comme on en lit, ce n'est pas loyal : c'est d'ailleurs impossible. Écrire une histoire n'est rien, si cela ne devient pas la ponctuation quotidienne et détaillée de mon immobilité interminable... (P.E. p. 9).

Il est en outre incapable, ce narrateur, de croire à l'efficacité d'un héros (Hamidou) tout à fait distinct de lui-même et va jusqu'à confondre, après avoir reçu en propre l'investiture de héros, l'identité de H. de Heutz avec la sienne.

Si tous les rôles, toutes les données de l'histoire d'espionnage finissent par se mêler de la sorte, ce n'est pas tant à cause d'un refus que d'une *impossibilité* d'écrire une histoire, d'accéder *par elle* à la littérature. Le narrateur de *Prochain épisode* présente en effet le défaut d'être calculateur ; il a la manie de projeter savamment, sur l'histoire qu'il rêve d'écrire, les données de sa propre histoire (politique, amoureuse, littéraire)... Il aurait pu, comme on continue de le faire dans la plupart des romans autobiographiques naïfs, s'en tenir là. Mais le parcours de cette projection croise très vite, ici, la trajectoire inverse d'un mouvement de réflexion ; et l'histoire commençante, bien précaire, du roman, agit à son tour sur l'histoire antérieure du narrateur, conférant subitement à tous ses empêchements (politiques, insurrectionnels, amoureux) un sens transcendé par le destin de tout un peuple. Ainsi relativisées, les données de son roman sont préservées de l'univocité ;

elles reçoivent au contraire plusieurs sens équivoques, qui ont en commun d'être insolubles et de mener ensemble à une situation intransgressible qui les résume tous : l'isolement douloureux du prisonnier.

Emprisonné dans un sous-marin clinique, je m'engloutis sans heurt dans l'incertitude mortuaire. Il n'y a plus rien de certain que ton nom secret, rien d'autre que ta bouche chaude et humide, et que ton corps merveilleux que je réinvente, à chaque instant, avec moins de précision et plus de fureur (P.E. p. 10-11).

Ce désaveu subit de la diégèse, véritable effacement de tout l'univers spatio-temporel de l'histoire d'espionnage, envahit le texte chaque fois que le narrateur se retourne sur son passé, chaque fois qu'il réfléchit en lui son existence présente ou celle du roman qu'il écrit. Sa réflexion est synonyme de regret, de dévaluation et d'emprisonnement :

Rien n'est libre ici : ni mon coup d'âme, ni la traction adipeuse de l'encre sur l'imaginaire, ni les mouvements pressentis de H. de Heutz, ni la liberté qui m'est dévolue de le tuer au bon moment. Rien n'est libre ici, rien. (...) Rien ! Pas même l'intrigue, ni l'ordre d'allumage de mes souvenirs, ni la mise au tombeau de mes nuits d'amour (...)

Ainsi lié à la conscience aiguë qu'il a de son emprisonnement, l'exercice de l'écriture chez ce narrateur lucide est à la fois recherche et négation — non pas refus — de la littérature. Dans ces passages où les gestes ralentis du héros cèdent la place aux hésitations du narrateur, il semble même que le texte ne tende plus qu'à une affirmation forcenée de son échec, qu'il cherche à habiter comme un refuge : « Je ne sortirai plus d'un système que je crée dans le seul but de n'en jamais sortir » (P.E. p. 14). On peut du reste remarquer, dès le début du deuxième paragraphe de l'extrait cité au début, que l'emprisonnement auquel se livre le narrateur, qui dénonce avec une insistance soudaine l'impuissance de sa fiction, est en quelque sorte mimé par la structure même du texte. À l'assemblage flou, parataxique des phrases du premier paragraphe (signalant l'effondrement de l'univers fictionnel) succède en effet un réseau serré de propositions coordonnées et subordonnées qui filtre toute parcelle d'imaginaire et affirme le caractère enfermé de toute la situation énonciative. Cet emprisonnement fondamental, qui se trouve à l'origine d'un roman conçu d'abord comme moyen d'évasion, est à intervalles variables rappelé, renforcé par le discours grillagé du narrateur. Tout se passe en fait comme si ce dernier s'attachait délibérément à la fascination d'un passé (individuel et collectif) contraignant, qui le dispenserait indéfiniment de prendre la parole et d'évoluer avec elle vers un avenir inconnu, vers une libération qui, au lieu de s'imposer d'un seul coup dans la révolution, envisagerait avec patience le processus historique. Au lieu de cela, en effet, le narrateur avoue :

Un modèle antérieur plonge mon inspiration dans une forme atavique (...) Je n'écris pas, je suis écrit. Le geste futur me connaît depuis longtemps. Le roman incréé me dicte le mot à mot que je m'approprie au fur et à mesure, selon la convention de Genève régissant la propriété littéraire.

Cette attitude n'est donc pas inconsciente ; elle est voulue, au contraire, concertée à tel point qu'elle pose, quelques lignes plus bas, le difficile problème de l'originalité : « nul dévergondage scripturaire ne peut plus me masquer le désespoir incisif que je ressens devant le nombre de variables qui peuvent entrer dans la composition d'une oeuvre originale » (P.E. p. 91). Comment, en effet, écrire une oeuvre valable dans les limites d'une histoire connue, jouée d'avance ? Le narrateur trouve rapidement la réplique : « l'écriture ne devient pas inutile du seul fait que je la départis de sa fonction d'originalité (...) cette fonction génétique ne la résume pas » (P.E. p. 92). Au contraire, précise-t-il :

Le roman que j'écris, ce livre quotidien que je poursuis déjà avec plus d'aise, j'y vois un autre sens que la nouveauté percutante de son format final (...) Ce livre défait me ressemble. Cet amas de feuilles est un produit de l'histoire, fragment inachevé de ce que je suis moi-même et témoignage impur, par conséquent, de la révolution chancelante que je continue d'exprimer, à ma façon, par mon délire institutionnel (P.E. p. 92).

La création littéraire, tout en évoquant la révolution, ne la prépare donc en rien ; elle est à la fois constat d'impuissance et tentative de compensation. L'écriture de *Prochain épisode* devient ainsi une sorte de chant orphique à deux voix, au cours duquel un héros tourné vers l'avenir essaie vainement de conjurer la détresse d'un narrateur immergé dans sa propre histoire. Écrire, dès lors, avec les négations, les empêchements et les refus que cela comporte, devient pour l'écrivain la recherche et l'affirmation d'une ressemblance infinie, ouverte à la fois sur le passé et sur le futur. Toute la problématique du roman vient de là, c'est-à-dire de l'existence de ces deux mouvements antagonistes qui attirent alternativement le discours dans des directions contraires : celle de l'histoire d'espionnage, dans laquelle le héros poursuit interminablement l'épisode manquant de sa libération, et celle de l'écriture même du roman, où le narrateur retourne sans cesse se réfugier dans sa préhistoire.

Il semble d'ailleurs, dans ce roman, que cette dernière dimension représente le lieu habitable par excellence, l'aire d'une incubation dont la fiction éloigne à peine [6], et à laquelle l'écriture revient avec un sentiment certain de sécurité [7]. Pourtant, cette réclusion du narrateur dans un temps antérieur et stérile équivaut à une condamnation ; par elle, le roman entier devient un exercice forcené de la dépossession, et l'écriture, un acte prédit qui répète indéfiniment l'échec historique : « ce livre est le geste inlassablement recommencé d'un patriote qui attend, dans le vide intemporel, l'occasion de reprendre les armes » (P.E. p. 93). Or, dans ce contexte, comme le remarque Gilles Marcotte, « l'action romanesque ne pourrait naître, recevoir sa justification, que de l'action historique [8] » ; pourtant, le narrateur persiste à affirmer que « nous n'avons pas d'histoire » (P.E. p. 94). Mieux encore, il n'envisage pas le processus d'évolution qui permettrait d'ac-

---

6. Beaucoup d'éléments thématiques de la fiction, comme les eaux du Rhône et du lac Léman, le château de H. de Heutz, les coffres, les décors somptueux, continuent d'évoquer le refuge, la nidation...

7. Peu de temps après avoir interrompu la scène de l'affrontement avec H. de Heutz, au bois de Coppet, le narrateur avoue en toutes lettres son soulagement : « ce livre quotidien que je poursuis déjà avec plus d'aise (...) » (P.E. p. 92).

8. G. Marcotte, *le Roman à l'imparfait*, Montréal, Éditons La Presse, coll. « Échanges », 1976, p. 38.

céder à elle et se contente de fixer son commencement à l'aube improbable de la révolution : « L'histoire commencera de s'écrire quand nous donnerons à notre mal le rythme et la fulguration de la guerre » (P.E. p. 94). Pourquoi donc ce narrateur résiste-t-il à l'avenir éclatant qui obsède son héros ? Pourquoi se réfugie-t-il aussi systématiquement dans une abolition historique et littéraire qui, tout en le condamnant à l'impuissance, lui procure d'autre part ce désenchantement tranquille, cet enfermement d'où il peut commencer — mais commencer seulement — à écrire ? Pourquoi enfin le discours de *Prochain épisode*, unique et fragile « rempart contre la tristesse » (P.E. p. 10) et l'ensevelissement du narrateur-héros, persiste-t-il à s'établir à la limite de l'incréé, dans la menace et le désir instables de sa propre disparition ?

À toutes ces questions, il ne peut assurément être apporté de réponse définitive ; toutes reçoivent en effet du langage même qu'elles interrogent les termes d'une problématique mouvante, condamnée à se déplacer avec la parole qu'elle examine et à s'établir avec elle aussi près de son origine que de sa fin. La littérature, chez Aquin, entretient avec la mort, le silence, la violence, la recherche et le refus de la naissance des rapports complexes ; et l'oeuvre du romancier s'impose rapidement, parmi eux, comme le point de rencontre d'interrogations qui la dépassent. De *Prochain épisode* à *Neige noire*, en passant par les textes de *Point de fuite* et de *Blocs erratiques*, l'écriture d'Aquin affronte en effet une problématique de la contradiction et du repliement qu'il faut, dans ses rapports parfois trompeurs avec l'esthétique globale de la modernité, tenter de dégager et de redéfinir. C'est donc dans cette perspective que sera poursuivie ici l'étude de *Prochain épisode* et que sera abordée, à partir de ce texte, la suite de l'oeuvre romanesque d'Hubert Aquin.

Le fil coupé d'Ariane

Il apparaît assez nettement, dans le passage qui a été cité au début, que la dimension à l'intérieur de laquelle le narrateur évolue, la scène dans laquelle il se représente en train d'écrire, est loin de s'imposer par l'homogénéité. L'espace de la réflexion qui s'y déploie est au contraire, comme cela se produit en bien d'autres passages, le lieu de nombreuses interférences.

Ce début de chapitre, d'abord, se situe un cran plus bas que la fin du chapitre précédent ; il décroche tout à fait de l'intrigue d'espionnage pour partir à la dérive — mais non sans mal. L'écho de Desafinado, le souvenir des Alpes, du lac Léman et de Coppet, bref, tout le paysage référentiel de l'histoire racontée persiste malgré tout jusqu'à la fin du premier paragraphe. Le second, par contre, manifeste par rapport à cette évocation nostalgique, qui tend à se séduire elle-même, une volonté de rupture évidente : « Rien n'est libre ici ». La situation du narrateur s'actualise brutalement, dans l'abolition de l'intrigue et l'aveu d'une profonde impuissance. « Je n'écris pas, je suis écrit » ; et plus loin : « Ce que j'invente m'est vécu ; mort d'avance ce que je tue. Les images que j'imprime sur ma rétine s'y trouvaient déjà. Je n'invente pas. »

Cette désillusion résignée n'est cependant pas appelée à durer, car dès la phrase suivante, du fond de sa réclusion, le narrateur évoque à nouveau l'univers de la fiction : « Ce qui attend H. de Heutz dans ce bois romantique qui entoure le Château de Coppet me sera bientôt communiqué (...) ». La suite du chapitre et même celle du livre tout entier reproduisent du reste à intervalles plus ou moins réguliers cette hésitation du narrateur, son « oscillation binaire entre l'hypostase et l'agression » (P.E. p. 93). Si bien que l'écriture, prise dans ce vertige ouvert simultanément sur des dimensions référentielles distinctes (scripturale et fictionnelle) ne parvient jamais à se stabiliser sur l'une ou l'autre de ses positions. La conti-

33

nuité lui manque, et c'est malgré tout au sein de ce morcellement qu'elle doit assurer son existence et s'assumer elle-même, parvenir à couvrir le vide qui s'ouvre sans cesse en elle et devenir littérature. La tâche n'est pas aisée.

En fait, elle serait impossible si quelque chose comme un fil d'Ariane, passant par une zone ou un point commun à tous les chapitres, n'assurait un certain enchaînement entre les énoncés disparates (répétitifs, rétrospectifs, prospectifs, etc.) du narrateur. Ce facteur de continuité, d'autant plus difficile à introduire que les deux versions de ce texte (l'intrigue d'espionnage et la réflexion scripturale) tendent mutuellement à se saper, ne se trouve pas ici du côté du suspense (« mon esprit annule son propre effort dans la solution de cette énigme » — P.E. p. 91), mais bien de celui de l'écriture même : « Rien n'avance, sinon ma main hypocrite sur le papier » (P.E. p. 119). L'énonciation du narrateur, en faisant ainsi abstraction d'un contenu fictionnel dont elle n'espère aucun secours, ramène toute la diégèse à la dimension d'un acte résiduaire : écrire est ce qui reste quand tout s'est effondré. Mais aussi, d'autre part, écrire est l'acte fondamental, celui qui habite le récit tout entier, qui se projette en lui au point d'y transformer l'histoire.

Comme chez Borges, chez Cortázar, on trouve chez Aquin ce prolongement de l'univers du narrateur-auteur à celui du personnage, celui de l'univers du personnage au monde du lecteur. La page devient ainsi le ciel, le regard d'un personnage s'unit, se fond à la vision d'un autre (celle d'un animal, comme dans l'histoire des poissons Axolotls [1], celle d'un double angoissé, tragique, comme dans « La lointaine [2] ») et s'échange avec elle. Les univers se croisent. Dans la nouvelle de Cortázar intitulée « Continuité des parcs [3] », l'homme qui lit un roman va bientôt être assassiné par le meurtrier de l'histoire même qu'il est en train de lire, dans un espace et un temps mitoyens, impitoyablement confondus.

---

1. J. Cortázar, *les Armes secrètes*, Paris, Gallimard, 1973 (trad. 1963), p. 27-35.
2. *Ibid.*, p. 88-102.
3. *Ibid.*, p. 85-87.

Partout, le possible risque de devenir le vrai, l'écriture affirme l'existence d'un réel sans limites qu'elle n'est pas en mesure de contenir, de dépasser par la fiction...

Dans *Prochain épisode*, cependant, la contamination de la fiction par l'écriture n'est pas si grande, si généralisée. On sait le pouvoir limité du narrateur devant ce monde qui lui échappe, qui se refuse à l'écrit, et auquel en retour l'écrit résiste. Pourtant, un lien existe incontestablement entre ces deux dimensions ; chez Aquin toutefois, contrairement à ce qui se produit chez Borges et Cortázar, c'est dans un rapport *négatif* qu'il s'établit. L'échange entre le fictionnel et le scriptural se traduit chez lui par un pouvoir d'empêchement considérable. La redoutable fusion, en d'autres termes, ne se produit pas ; l'écriture reste en deçà des limites de l'intrigue qu'elle essaie de maîtriser et qu'elle se voit obligée, faute d'y arriver vraiment, de ramener sans cesse à la lettre. L'écriture reste donc la dimension fondamentale de *Prochain épisode* ; mais la solution que sa mise en scène, sa *narrativisation* si l'on préfère, apporte au récit n'est pourtant qu'une solution de continuité qui voue l'hésitation du narrateur devant H. de Heutz à la perpétuation. Le sort du faux banquier, dans le bois de Coppet, est ainsi relégué à celui d'une écriture qui se maintient dans son balancement indécis et qui reste incapable de transgresser ses limites ; « Je risque tout, rappelle le narrateur, à m'avouer le sujet de mon hésitation » (P.E. p. 91).

Un tel empêchement, évidemment, ne renvoie pas à de simples problèmes de cohérence ou de vraisemblance romanesque ; la logique de l'action, chez Aquin, ne fait pas souvent défaut. La difficulté dont le lecteur est ici témoin relève d'un autre ordre ; elle vient en réalité du fondement même de l'énonciation et trouve son origine à la source la plus profonde de l'oeuvre littéraire, dans un désir sans cesse entravé de puissance, d'appropriation du monde et de possession du réel. Toutes les paroles du narrateur, tous les actes du héros (devant K, devant H. de Heutz, devant sa propre tâche) conduisent en effet le discours — non pas au pouvoir, non pas à la domination — mais à son propre assujettissement. L'instance narrative, dans ce livre, est en situation de dépendance totale ; et l'évolution de l'histoire, l'efficacité même du récit sont sans cesse, à travers elle, soumises aux critères paralysants de la fusion amoureuse parfaite et de la révolution absolue, valeurs elles-mêmes orientées vers l'anéantissement et la destruction — autant de faux bonds de l'avenir. Tout se passe en définitive de telle manière que H. de Heutz, lui, dans le bois de Coppet, a finalement la vie sauve. Le héros, incapable de profiter de la situation, s'imagine tout à coup que le renversement qui lui a donné le dessus, le matin même au château d'Echandens, n'était qu'un piège ; qu'en réalité H. de Heutz, le vrai, le tient en joue et le tuera dès qu'il essaiera, lui, d'abattre son prisonnier : « Je suis venu à un cheveu de presser la gâchette et d'en finir avec H. de Heutz. Mais que serait-il arrivé l'instant d'après ? » (P.E. p. 106). Le héros préfère ne pas en faire l'expérience. Il se détourne de sa victime et prend brusquement la fuite dans la forêt. Une fois le « piège » évité, il redescend à Coppet, déjeune copieusement à l'Auberge des Émigrés, puis imagine de prendre H. de Heutz à revers en l'attendant dans son propre château. Le projet est audacieux ; il a, semble-t-il, toutes les chances de réussir. Mais lorsque H. de Heutz, après une longue attente du héros, revient enfin chez lui, son agresseur le rate encore une fois : au lieu de le tuer, il ne fait que l'atteindre à l'épaule, puis il prend la fuite. Et dès cet instant, tout semble désamorcé, fini ; l'espion du F.L.Q. manque son rendez-vous avec K à la terrasse de l'hôtel d'Angleterre, il quitte la Suisse, revient à Montréal où il est fait rapidement prisonnier. Dans le même temps, le héros redevient au fond de sa réclusion simple narrateur, capable seulement d'évoquer, d'une manière inoffensive, l'espoir prochain de la révolution, de la libération future, de la mort de H. de Heutz et du retour auprès de K.

L'essentiel manque donc sans cesse dans *Prochain épisode* : non seulement dans l'histoire d'espionnage, où le héros s'avère incapable d'éliminer H. de Heutz, mais encore dans l'écriture même, acte premier de la littérature, geste fondamental par lequel malgré tout l'énonciation n'arrive pas à s'établir sereinement, à se diriger sûrement vers ce Livre qui lui fait défaut. Le discours de *Prochain épisode*, en d'autres mots, ne retrouve pas le chemin de son origine ; la littérature, com-

36

me principe même de son existence écrite, reste une valeur extérieure à sa portée, une valeur qu'il semble capable de *reproduire* — presque malgré lui — dans un système de signes, mais qu'il paraît d'autre part incapable, en dépit d'innombrables tentatives, d'assumer réellement.

La problématique des romans d'Aquin s'apparente étrangement, par là, à celle des textes de Maurice Blanchot, qui écrivait vers 1959 : « la littérature va vers elle-même, vers son essence qui est la disparition [4] » ; comprendre et pratiquer la littérature, se soumettre à elle et la maîtriser, tout cela tend en effet, en dépit de profondes incompatibilités, à formuler chez Blanchot et chez Aquin une épellation totale, unique de la littérature. Cependant, puisqu'une telle formulation, si elle pouvait être trouvée, rendrait immédiatement inutile tout projet d'écrire, de prolonger le jeu incertain des figures et des mots, le dispositif romanesque de *Prochain épisode* (plus encore que celui de l'essai chez Blanchot) est appelé à mimer au moyen de toutes sortes d'obstacles et d'empêchements une résistance profonde de (à) l'essentiel. Le désir et le refus passionnés de l'amour et de la violence, de la vie et de la mort, l'ambivalence dans ce qu'elle a de plus intime et de plus chargé définissent ainsi — entre l'angoisse et la hâte de la disparition — l'aire du discours romanesque aquinien. Cela, assurément, rappelle les réflexions de Maurice Blanchot, de Michel Foucault ; cela évoque encore, sur une échelle plus vaste, les problématiques ambiguës, les destins indécidables des personnages de Kafka, de Borges, de Hesse... Bref, cela s'inscrit bien dans le labyrinthe des poétiques modernes du récit, celles qui, de l'Europe à l'Amérique du Sud, traversent aujourd'hui toute la littérature occidentale.

Mais l'écriture d'Aquin, comme celle de Ducharme dans *l'Avalée des avalés*, celle de Marie-Claire Blais dans *Une saison dans la vie d'Emmanuel*, doit encore débattre avec la naissance, l'enfance et l'enfantement, de sa liberté et de son pouvoir d'identification. Contrairement à ce qui peut se produire chez des écrivains comme Malraux, Kundera, Fuentes, pour

---

4. M. Blanchot, *le Livre à venir*, Paris, Gallimard, coll. « Idées », 1959, p. 285.

qui la culture n'a pas eu comme ici à survivre en exil de l'histoire, l'écriture d'Aquin — celle de la plupart des écrivains québécois des années 60 — n'arrive pas à s'éprouver au sein de ses contradictions comme *jeu*. Elle parvient très difficilement, en tout cas, à se distancier sans violence (comme on la pratique, à l'extrême, chez Jacques Renaud, chez Victor-Lévy Beaulieu), sans tragédie (comme chez Claire Martin, Françoise Loranger) ou sans mélodrame (Marcel Dubé) de ses hantises et de ses obsessions.

Pourtant, entre 1960 (où Bessette publiait *le Libraire*) et 1970 (où Ferron publiera *l'Amélanchier*), *Prochain épisode* est peut-être le premier roman qui réussit à maintenir un équilibre certain entre ce qui le définit et ce qu'il admire, entre ce qu'il est et ce que peut-être il voudrait devenir. Cette stabilité nouvelle est cependant bien précaire ; elle est, surtout, parcourue de tensions dont le texte d'Aquin ne se défera plus et qui, tout en croisant celles de l'ensemble de la littérature occidentale moderne, contribuent à définir pour la littérature québécoise de la seconde moitié du siècle une aire de développement spécifique.

Dans ce tableau, la question de l'écriture occupe le premier plan ; et *Prochain épisode*, à partir d'elle, élabore un imaginaire exemplaire de *l'écrit*, fait d'espaces communicants où le texte est à la fois survie, espoir de la rédemption et de l'accomplissement, et attente de la disparition :

> (...) **de ce mouvement résiduaire qui s'éternise, j'induis l'oscillation cervicale qui le commande, onde larvaire qui survit imperceptiblement pendant le coma et le contredit, puisqu'elle contient le principe même de son contraire. Mon écriture courbée témoigne d'une genèse seconde qui, réduite à zéro, ne l'est pas tout à fait pour la seule raison que ma main ne s'arrête pas de courir. (...) Nil incertain qui cherche sa bouche, ce courant d'impulsion m'écrit sur le sable le long des pages qui me séparent encore du delta funèbre (P.E. p. 119).**

L'écriture, manifestement, est à la fois ici recherche de l'origine et de la fin, « fleuve d'inspiration » (P.E. p. 10), « Nil incertain », parole à jamais séparée de sa source et vouée, faute de pouvoir retourner à sa bouche [5], au « delta funèbre », à la mort qui rend à nouveau toute chose possible.

Mais pourquoi cela ? D'abord, bien sûr, parce que le conflit central de *Prochain épisode* ne peut, dialectiquement, être dépassé par un quelconque recours à la catégorie supérieure de la synthèse ; les oppositions thématiques, fictionnelles ou scripturales de ce livre n'engagent pas de relations dynamiques. Cela est confirmé dès la première phrase du roman, où l'eau et le feu immédiatement s'affrontent et se neutralisent : « Cuba coule en flammes au fond du lac Léman » (P.E. p. 7), pendant que le narrateur, désarmé par ce conflit irréductible, « descend au fond des choses ». Il est sabordé, fini, au sens strict, dès le premier mot qu'il écrit (« Cuba »), symbole ironique d'un pouvoir révolutionnaire qu'il ne possédera jamais. L'univers de *Prochain épisode* se définit d'emblée comme celui de la neutralisation, du désamorçage et du recommencement. Au lieu d'une dialectique héroïque, ses oppositions internes n'introduisent qu'un mouvement de type mécaniste, c'est-à-dire un fonctionnement plus ou moins complexe basé, comme celui des horloges ou des moteurs, sur le principe de l'alternance. Seule, au milieu de ce mouvement perpétuel, « alternance maniaque de noyades et de remontées » (P.E. p. 94) survit « l'onde larvaire » de l'écriture ; et là encore, tout est fixé depuis le début : le narrateur, après l'abolition de son univers, se représente dès la deuxième phrase de son texte (« Encaissé dans mes phrases, je glisse, fantôme... ») en train d'écrire, « d'étaler sur ce papier les mots-clés qui ne (le) libéreront pas ».

Mais il y a plus ; car cet homme impuissant qui continue d'écrire *craint* en fait de se libérer. Il s'avère incapable de risquer le geste transgressif qui le porterait vers sa propre synthèse, pour mille raisons qui se ramènent finalement à une seule : sa paralysie — en tant que narrateur aussi bien qu'en tant que héros — devant H. de Heutz. Dans cette rivalité diffi-

---

5. De « bouche » à « delta », termes qui désignent tous deux l'embouchure d'un fleuve, s'opère en fait un léger glissement de sens ; l'écriture est fleuve, mais elle est aussi parole, de sorte que sa bouche est à la fois son origine et sa fin, suivant l'ambiguïté qui se retrouve à la base de toute la thématique du livre. De même, le « delta funèbre » évoque à la fois la disparition du fleuve, la mort de l'écriture et son absorption par la mer, lieu d'origine et de préservation.

cile (« Pendant des mois je me suis préparé intérieurement à tuer, le plus froidement possible et avec le maximum de précision » — P.E. p. 22), le désir de tuer, qui se mêle sans cesse à celui de temporiser, de différer, de protéger, provoque une fascination qui entraîne le narrateur-héros à se projeter sur la personne de son ennemi et à croire que l'abattre entraînera sa propre mort. Un système de duplication infinie se développe donc ici, dans le but d'assurer la survie perpétuelle de H. de Heutz et d'empêcher par le fait même l'achèvement du roman, l'éclatement de la parole et la libération d'un prisonnier qui conçoit son incarcération comme refuge autant que comme captivité. Ce dispositif reste évidemment d'une efficacité très relative, car tout ce qu'il préserve en quelque manière se voit aussitôt neutralisé par ailleurs. L'écriture reste ainsi quelque chose de résiduaire, un maintien artificiel du désir d'être en vie : « Je respire par des poumons d'acier. Ce qui me vient du dehors est filtré, coupé d'oxygène et de néant, si bien qu'à ce régime ma fragilité s'accroît » (P.E. p. 15). N'empêche ; une telle immobilité reste absolument concertée, et la fonction qu'elle occupe dans le récit du prisonnier-espion de *Prochain épisode* mérite d'être examinée de plus près.

La lecture des premières pages du roman permet de constater qu'au départ, les coordonnées du discours ne sont pas encore fixées. Il apparaît peu à peu que ce livre s'inspirera du genre espionnage, mais ses personnages, son intrigue, les procédés et les points de vue de sa narration restent mal définis. Même après les mentions (plus précises) de Hamidou Diop et d'un certain H. de Heutz, l'histoire piétine. Il faut encore que le narrateur s'introduise — arbitrairement — dans le paysage de son récit et qu'il reçoive un message indéchiffrable à son hôtel de Lausanne pour que l'affaire s'engage. Mais, rappelons-le, ce n'est qu'avec la rencontre inattendue de K que le roman prend réellement son sens. C'est aussi à partir de là que tout se complique irréparablement. K, dans *Prochain épisode*, est la « femme absolue » (P.E. p. 90), la femme-pays du «vrai pays natal et secret » (P.E. p. 78), celle en qui le narrateur rêve de s'enfoncer, de s'abolir. Elle est « l'interlocutrice absolue » (P.E. p. 70), mais aussi la femme absente, l'amante disparue depuis un an. Son apparition soudaine dans le récit prend l'allure d'une révélation ; K stupéfie le narrateur en lui apprenant l'identité et les intentions réelles de H. de Heutz, puis elle lui abandonne la suite de sa propre mission contre lui. Au sens strict, elle donne alors naissance au véritable héros du livre ; elle devient par là la femme-mère, celle à qui le fils-amant « inondé de larmes d'enfant » (P.E. p. 78) désire désespérément revenir.

Ce retour, en principe, devrait s'accomplir à l'intérieur d'un délai de vingt-quatre heures [6], et surtout, passer par l'élimination de H. de Heutz. Cette condition est formelle. Le héros ne perd donc pas de temps. Il se lance immédiatement à la poursuite de son rival, qu'il suit à la trace jusqu'à Genève, où il arrive trop tard pour le surprendre pendant sa conférence sur « César et les Helvètes ». Pis encore, c'est lui-même qui est matraqué et fait prisonnier au château d'Echandens. Mais là, à nouveau, la situation se retourne au profit du héros, qui endort la méfiance de l'autre au moyen d'une histoire invraisemblable. Puis, au bois de Coppet, un autre renversement se produit lorsque H. de Heutz hypnotise son adversaire à l'aide de la même histoire. Dès lors, tout est à recommencer. Le héros bat en retraite jusqu'au village, imagine de piéger H. de Heutz dans son propre château, et l'on sait le reste...

Cette reprise du même alibi par l'un et l'autre des deux espions mérite toutefois que l'on s'y arrête. C'est avec elle, en effet, que s'impose véritablement l'idée d'une fascination, d'une duplicité entre les opposants du récit ; car au lieu d'interroger un mode étranger d'existence, de faire porter sur un univers extérieur à eux-mêmes un regard critique et différenciateur, ces deux personnages ne se donnent réciproque-

6. Ce laps de temps, qui peut paraître bien court pour venir à bout d'un ennemi pareil, est également, bien sûr, un délai symbolique qui comporte beaucoup plus d'événements, d'actions et de déplacements que n'en pourrait jamais contenir une seule journée. Ce segment temporel est simplement l'espace d'une représentation qui permet au temps de l'écriture et au temps de l'histoire d'espionnage de se croiser — et de se répondre — dans un temps global du récit, une *durée* ouverte sur celle de la vie entière : « quelques heures me conduiraient à la Nation, tout près de cette maison en retrait de l'histoire, que j'achèterai un jour. Quelques années m'y conduiront-elles enfin ? » (P.E. p. 78-79).

ment à lire, en fait, que leur propre histoire réitérée, refermant ainsi de manière assez étanche la circulation du discours et restreignant à une sorte de circuit intratextuel le caractère relationnel normal de la lecture. Le lien de similarité qui s'établit ici est même tellement étroit qu'il permet de parler, entre H. de Heutz et le héros, d'une relation exclusive au Même, tout à fait contraire à la relation à l'Autre qui cherche à s'établir, malgré toutes sortes de reculs, entre le narrateur et K.

H. de Heutz, en effet, se présente comme une image dédoublée du héros, une sorte de version négative de son pouvoir et de son désir d'arriver jusqu'à la femme aimée. Il semble même que cet homme redoutable, qui « possède » déjà K de toute façon (comme le prouvent l'apparition à ses côtés d'une blonde inconnue [7] et son coup de téléphone à l'hôtel d'Angleterre [8]), soit le rival mythique, le père oedipien d'un héros incapable à la fois de le tuer et de vivre sous son empire. Cette relation irrésolue au Même empêche, dès lors, que puisse vraiment s'instaurer la relation à l'Autre, tout comme elle empêche la problématique scripturale de ce livre de trouver sa solution dans le déroulement de l'intrigue d'espionnage.

Au moment précis où il pourrait abattre H. de Heutz, en effet, le héros ressent d'une manière tragique le lien qui l'unit à lui ; il se détourne alors de son adversaire et court se réfu-

---

7. Le héros refuse d'ailleurs avec une énergie suspecte l'idée de la trahison de K, seule conclusion qui s'impose pourtant : « Il m'a semblé un moment (me suis-je trompé ?) que l'autre était une femme (...) Comment en être certain ? Je n'ai fait qu'apercevoir l'auto : je l'ai devinée plus que je ne l'ai vue » (P.E. p. 105). Et plus loin : « Comment se fier à une vision si fugace, taxée d'avance par tant de circonstances hallucinogènes ? Les cheveux blonds étaient sans doute un effet secondaire de l'éclat du soleil et de mon éblouissement, à telle enseigne d'ailleurs que je ne saurais affirmer que l'autre est une femme et que cette femme, improbable, a une chevelure blonde » (P.E. p. 105-106).

8. Au cours de ce coup de téléphone, H. de Heutz donne rendez-vous à sa complice (épouse ou maîtresse) au lieu et au moment précis de celui du héros avec K. Il ajoute même : « L'autre, tu peux sûrement le remettre ou régler cela en quelques minutes... Écoute : je m'installerai à une table tout près de l'orchestre, de toute façon il ne me connaît pas. Quand tu en auras fini avec lui, tu viendras me rejoindre » (P.E. p. 149).

gier au coeur de la forêt, seul avec lui-même, infiniment déçu :
« Je me trouvais avoir doublement échoué dans ma mission.
H. de Heutz n'était pas mort. Et l'échéance maintenant plus
rapprochée de ma rencontre avec K, me hantait » (P.E. p.
107). Par sa retraite subite au fond de ce double échec, le narrateur renonce à s'inscrire dans « l'espace historique » (P.E.
p. 106) où évolue son rival, et se condamne à la réclusion
dans un passé antérieur nostalgique et dévalorisé, mais sécurisant [9]. Il peut donc continuer à écrire, geste qui lui assure la
survie et qui lui permet en quelque sorte de revenir à lui en
vue de son prochain affrontement avec H. de Heutz, à l'intérieur même, cette fois, de son château. Encore ici, l'écriture
esquisse ainsi un mouvement de remontée et conduit le narrateur au seuil de ses actes futurs de libération :

**Face à mes avenirs, couvert de honte et de passé défini (...) je
décide, par décret révolutionnaire unilatéral, de mettre fin à
l'ataraxie qui m'a cloué tout ce temps sur la banquette avant de
la petite Opel bleue. Et si je ne distingue pas encore mon trajet
futur (...) je comprends qu'il me suffit de me remettre en mouvement et de suivre les courbes manuscrites pour réinventer
mon récit (P.E. p. 120).**

Mais cette reprise de l'affrontement avec H. de Heutz ne
fera que reproduire, à quelques variantes près, la séquence
du bois de Coppet. Subjugué, en effet, par la splendeur baroque du château d'Echandens, le héros entre peu à peu dans
une nouvelle fascination : « La relation qui s'est établie entre

---

9. Cette « préhistoire » au sein de laquelle le narrateur tend, de manière
   ambiguë, à s'abolir et à se réfugier, ne devrait cependant pas être vue
   comme une régression individuelle et gratuite. Elle serait profondément
   déterminée, au contraire, par une mémoire collective qui conserve la
   nostalgie de l'Ancien Régime, « ce lieu préservé, écrit Jean Bouthillette,
   où nous nous retrouvons semblables à nous-mêmes » (cf. J. Bouthillette, le Canadien français et son double, Montréal, l'Hexagone, 1972, p. 53).
   Les indices renvoyant à cette motivation historique des états dépressifs
   du narrateur sont évidemment trop nombreux, dans Prochain épisode, pour
   n'être pas considérés comme importants... On pourrait encore lire, un
   peu plus loin dans le livre de Bouthillette, ce passage que l'auteur de
   Prochain épisode lui-même pourrait avoir signé : « Nous avons coulé dans
   le silence et la résignation, glissé vers l'immobilité. Nous nous sommes
   blottis dans un coin reculé de l'Histoire, (...) nous nous sommes enlisés
   dans l'irréalité de nos terres idylliques » (op. cit., p. 55-56).

H. de Heutz et moi me laisse songeur, depuis que je me suis introduit de plein gré dans ce beau repaire qu'il habite » (P.E. p. 134). Progressivement, donc, au fur et à mesure qu'il attend l'arrivée de H. de Heutz, l'espion felquiste se remet à intérioriser son conflit avec lui ; sa propre identité s'estompe, et cet effacement finit par vider toute sa présence en ces lieux de son sens réel : « Je suis hors de moi. Il me semble que je ne pourrai jamais plus sortir d'ici » (P.E. p. 136)... Non loin d'une splendide commode en laque et d'une gravure représentant « la mort du général Wolfe », l'aliénation du héros se transforme bientôt en une « angoisse intolérable » (P.E. p. 136) devant le temps qui s'enfuit et qui compromet de plus en plus son retour auprès de K :

Mon amour, à moi ! J'ai peur de ne pas me rendre jusqu'au bout ; je fléchis (...) Ah, que l'événement survienne enfin et engendre ce chaos qui m'est vie. Éclate, événement, fais mentir ma lâcheté, détrompe-moi ! Vite, car je suis sur le point de céder à la fatigue historique... Je me tiens ici, sans ennemi et sans raison, loin de la violence matricielle, loin de la rive éblouissante du fleuve (P.E. p. 139).

En définitive, au moment où H. de Heutz revient au château, tous les mécanismes de dérivation et d'auto-empêchement du héros ont si bien fait leur oeuvre, que celui-ci ne peut tuer son ennemi. Il parvient tout au plus à le blesser à l'épaule, avant de prendre la fuite. Il faut noter ici que cet échange de coups de feu, au cours duquel l'espion québécois réussit tout de même à atteindre H. de Heutz, n'est raconté qu'*après* le récit de son retour à Montréal et celui de son arrestation. Cette ultériorisation permet au narrateur de désamorcer tout à fait le conflit en le confinant à l'écriture, incarcération scripturaire qui semble n'avoir pas droit à l'histoire.

Dans ces circonstances, bien entendu, le retour auprès de K n'est plus possible. Entre sa fuite d'Echandens et son retour malheureux à Montréal, le héros a manqué son rendez-vous avec elle à la terrasse de l'hôtel d'Angleterre. K ne lui a laissé qu'une note décevante, suivie d'un post-scriptum dérisoire : « Hamidou D. te fait ses amitiés. Le monde est petit » (P.E. p. 158)... L'échec est donc total. Le conflit irrésolu avec H. de Heutz ne permet pas au héros d'accéder à la vraie femme et le condamne à entretenir au fond de l'absence et de l'isolement son rêve de la « femme absolue » à la fois mère, amante et pays. Cette absence de solution de la rivalité oedipienne détermine également le narrateur à reléguer tout le pouvoir de son écriture à un emprisonnement qui le neutralise, et à chercher dans la « préhistoire », dans un temps antérieur à la naissance, le bonheur que son existence de vaincu ne peut lui procurer. Cet homme qui écrit est en attente de sa véritable origine ; ses paroles incantatoires espèrent être un jour littérature, et son aliénation, soulèvement.

Dans les deux derniers chapitres, du reste, passé ce point où l'écriture revient d'elle-même à la condition qui la définit — c'est-à-dire à cet emprisonnement qui la détermine depuis un passé lointain — le ton du récit change considérablement. Le narrateur raconte d'abord, au passé, la fin de son histoire d'espionnage, à laquelle bien sûr il ne peut plus rien changer. Mais en même temps, au présent cette fois, il élabore sur les événements récents de toute l'affaire un commentaire lucide et désabusé qui, en alternant de plus en plus rapidement avec l'évocation des dernières heures vécues en Suisse, finit par en supplanter le souvenir et par ramener l'écriture au niveau de son *véritable* présent, dans le temps et l'espace confinés de la narration. L'écriture revient par là, pour ainsi dire, au seuil mythique d'une Histoire dont elle envisage — tout en la reléguant prudemment à un futur indéfini — l'imminence redoutable, l'éprouvant (re)commencement.

Mais cette ouverture sur l'avenir est difficile ; elle s'inscrit, dans le texte, à mi-chemin entre les termes de la mort et de l'écriture et ceux de la relation amoureuse et de l'enfantement : « Le temps a fui et continue de s'en aller, tandis que je coule ici dans un plasma de mots » (P.E. p. 164). Et plus loin : « J'étouffe ici, dans la contre-grille de la névrose, tandis que je m'enduis d'encre et que, par la vitre imperméable, je frôle tes jambes qui m'emprisonnent » (P.E. p. 164). Cette renaissance mythique du héros (« Mes souvenirs humectés me hantent. Je marche à nouveau sur le quai d'Ouchy, entre le château fantôme et l'hôtel d'Angleterre » — P.E. p. 164) a lieu encore une fois en K, par K. Elle lui permet cependant de *croire*, contrairement à ce qu'autorisait le principe de mort qui habitait toute version antérieure de l'histoire, qu'il sortira enfin vainqueur de sa confrontation avec H. de Heutz, qu'il dépassera ses contradictions internes paralysantes et s'acheminera enfin vers sa propre synthèse [10].

Ce prochain épisode, dans son esprit, sera donc décisif : « je l'abattrai avant même qu'il atteigne le téléphone ; il mourra dans l'intuition fulgurante de son empiègement » (P.E. p. 173). C'est lui qui permettra au narrateur et au héros, enfin réunis, d'arriver ensemble à la maturité littéraire, politique, amoureuse et historique :

Oui, je sortirai vainqueur de mon intrigue, tuant H. de Heutz avec placidité pour me précipiter vers toi, mon amour, et clore mon récit par une apothéose. Tout finira dans la splendeur secrète de ton ventre peuplé d'Alpes muqueuses et de neiges éternelles. Oui, voilà le dénouement de l'histoire (...) (P.E. p. 173-174).

Cet achèvement absolu, pourtant, n'a pas lieu ; il est évoqué, passionnément espéré, mais il ne s'inscrit pas réellement au sein de la diégèse. Reporté à un futur indéfini, et conditionnel à la renaissance du héros ainsi qu'à la reprise de son combat avec H. de Heutz au château, il dépasse de bien loin les limites, le champ d'action des énoncés de ce livre. Il n'a pas cours au sein de son récit, dont la suite échappe au narrateur : « Je me sens fini ; mais tout ne finit pas en moi. Mon récit est interrompu, parce que je ne connais pas le premier mot du

---

10. Je rappelle ici la conclusion d'un article écrit en 1968 par André Brochu, qui donne également dans ce sens : « Tuer H. de Heutz (...) ce serait accéder enfin à la relation ouverte avec l'autre, qui est la relation amoureuse et qui se dépasse dans la relation (révolutionnaire) avec tous les frères du pays retrouvé » (cf. A. Brochu, « Un clavier de langages, *Prochain épisode*, de Hubert Aquin », dans *l'Instance critique*, Montréal, Leméac, 1974, p. 367). On peut lire aussi, plus bas : « L'intrigue suisse de *Prochain épisode* est une façon de *mimer*, et ainsi d'appeler l'aventure réelle de la vie qui ne peut débuter vraiment qu'avec la mort de H. de Heutz. Et cette aventure de vivre, ce sera aussi celle d'aimer, et d'aimer enfin en adultes la double image d'une femme et d'un pays » (*op. cit.*, p. 368).

prochain épisode » (P.E. p. 171). L'événement par excellence, dans ce roman, ne se produit donc pas. Comme pour le nom inachevé — codé, en fait — de K, l'évocation constante (mais prudente et distante) de la fin ultime du récit ne mène donc pas à son accomplissement, à sa profération. *Prochain épisode* n'est pas le livre de la dénomination, mais celui du souhait et de l'interdiction :

Fermer les paupières, serrer les doigts sur le stylo, ne pas céder au mal, ne pas croire aux miracles, ni aux litanies que chaque nuit je profère sous le drap, ne pas invoquer ton nom, mon amour. Ne pas le dire tout haut, ne pas l'écrire sur ce papier, ne pas le chanter, ni le crier : le taire, et que mon coeur éclate ! (P.E. p. 15)

Écrire, dans ce contexte, « serrer les doigts sur le stylo », est à la fois refuge et continuité ; c'est une résistance devant l'avenir — non un refus — et un retranchement dans le passé qui limite le récit à un point tel, qu'il est voué à l'immobilité et au vertige. Pourtant, dira-t-on, ce récit *cherche* sa solution ; il *souffre* de son enfermement et de son impuissance. Certes. Mais en même temps, cette condition lui est essentielle ; car l'acte par lequel le narrateur pourrait résoudre son conflit avec H. de Heutz et sa relation avec K marquerait également la fin absolue de son récit, celle au delà de laquelle *écrire* deviendrait inutile, purement accessoire. C'est en effet sa propre fin que cette écriture refuse de provoquer, c'est pour éviter *sa* disparition qu'elle se dédouble et se réfugie interminablement, qu'elle s'efface sans cesse — comme le héros vis-à-vis de H. de Heutz — devant ses propres solutions. Le discours de *Prochain épisode* est un long évitement de la « lucidité homicide » (P.E. p. 13), une préservation de la littérature — l'être de l'écriture — par perpétuation de son événement essentiel : le récit. Écrire, raconter sont des exorcismes de la mort. Ils sont encore, parfois, incantation, envoûtement, appel. Ce versant sombre de l'écriture, que l'on reconnaît si bien chez Kafka et Blanchot, laisse alors paraître d'une manière soudaine l'angoisse du monde et de l'affrontement, l'angoisse de l'Autre qui habite l'écriture d'Aquin.

Marthe Robert expose à cet égard, dans *Roman des origi-*

nes et origines du roman [11], une thèse séduisante. Elle y oppose en effet la mentalité de « l'enfant trouvé » qui, se croyant abandonné de ses vrais parents (royaux), élabore pour lui seul un univers dans lequel il se réfugie, et celle du « bâtard » réaliste, dont le père — inconnu ou irresponsable — tend à être plus facilement écarté. Dans le premier cas, la situation est encore préoedipienne ; exempte de différenciation sexuelle, elle n'implique pas d'affrontement réel avec le père, qui se trouve avec sa femme relégué au sein d'un monde marginal. À ce type de mentalité correspondent, selon M. Robert, les univers du conte et de la poésie [12], ainsi que ceux de certains romanciers comme Proust, ou Cervantès. Dans l'autre cas, celui du bâtard, la différence sexuelle est au contraire recon-nue ; elle introduit immédiatement une concurrence, une compétition au cours de laquelle le père est finalement rem-placé par le fils, qui s'empare de la mère et affronte ensuite librement le réel. Il est, dit Marthe Robert, un « arriviste », « celui qui arrive par les femmes [13] ». À ce second type, qui s'inscrit résolument à l'intérieur d'un devenir historique plei-nement assumé, correspondent exemplairement les univers romanesques de Balzac, Zola, Stendhal, etc.

Bien entendu, cette distinction entre « bâtard » et « enfant trouvé » n'est pas exclusive ; des manifestations de l'un et de l'autre comportement peuvent apparaître simulta-nément à l'intérieur d'un même roman. Il reste quand même que l'un d'eux peut s'avérer dominant. Ainsi, chez Fuentes, Kundera, Böll, celui du bâtard ; et chez Lewis Carroll, Buzzati, Aquin (ainsi que dans une part très importante de la littérature québécoise, de Anne Hébert à Marie-Claire Blais), celui de « l'enfant trouvé », de l'être que sa royale filia-tion préserve de l'histoire. Cette catégorisation fournit en tout

---

11. M. Robert, *Roman des origines et origines du roman*, Paris, Gallimard, 1976 (Grasset, 1972), 364 p.

12. Milan Kundera, dans la même perspective, donnait récemment cette définition un peu cynique du poète : « c'est un jeune homme qui, con-duit par sa maman, s'exhibe devant le monde, dans lequel il ne sait pas entrer » (*Liberté*, « Entretien avec Milan Kundera », par Normand Biron, Montréal, vol. 21, no 1, 1979, p. 29).

13. M. Robert, *Roman des origines et origines du roman*, p. 57.

cas un point de vue supplémentaire lorsque l'on veut arriver à saisir la détermination profonde de l'échec historique (individuel aussi bien que collectif) qu'évoque *Prochain épisode*. Cette difficulté de tout un peuple à s'inscrire dans l'histoire, depuis 1760 et plus encore depuis 1837-38, a marqué profondément — et elle marque encore — une littérature qui a eu maille à partir avec sa royale ascendance, et pour laquelle naître fut difficile. André Brochu, en 1968, le disait bien : « de cette naissance, de son urgente nécessité, des impatiences et des violences qu'elle entraîne, tous nos romans actuels témoignent, plus ou moins consciemment ou directement [14] ». L'oeuvre romanesque d'Hubert Aquin traduit d'une manière exemplaire les difficultés de cet arrachement devant lequel l'écriture hésite, et auquel il arrive qu'elle ne consente pas...

On peut, bien entendu, observer dans la plupart des littératures occidentales ce balancement, cet équilibre instable entre vivre et mourir, parler et disparaître. Tout compte fait, ce qui détermine le sort du récit, entre les textes d'Aquin et quelques autres (tirés de divers répertoires — anciens ou modernes — de la littérature) n'est pas tellement différent ; une même mort se cache au fond de tous ces discours, une mort qui serait en quelque sorte la littérature même, et avec laquelle, à diverses époques et de diverses manières, l'écriture a tenté de transiger avec plus ou moins de bonheur. Peut-être effectivement, comme le suppose sans ambages Michel Foucault, « y a-t-il dans la parole une appartenance essentielle entre la mort, la poursuite illimitée et la représentation du langage par lui-même [15] »... Mais encore : qu'est-ce qui mène une oeuvre vers ce fond obscur du langage, et qui permet à une autre de conserver indéfiniment son pouvoir de circuler au milieu des signes, de se maintenir dans le précaire équilibre de sa parole ? Pourquoi l'écriture oscille-t-elle ainsi entre le tumulte, la terreur et l'anéantissement (comme chez

---

14. A. Brochu, *l'Instance critique*, p. 368.
15. M. Foucault, « Le langage à l'infini », *Tel quel*, no 15, 1963, p. 45.

Aquin après *les Rédempteurs* [16], et surtout *Prochain épisode*), et la patiente parole, la domination progressive de ce « bruit sourd [17] » du monde et de l'inconnu ?

La littérature, enfin, qu'est-ce que cela permet, et qu'est-ce que cela interdit ?

16. En 1952, alors qu'il séjournait en Suisse, Aquin écrivait déjà dans une lettre à Louis-Georges Carrier : « (...) tes paroles me replongent dans la seule aventure que je vivrai jamais ! Je crains de ne jamais pouvoir écrire quoi que ce soit qui ne reprenne fatalement *les Rédempteurs* » (*Point de fuite*, Montréal, Cercle du Livre de France, 1971, p. 125).

17. Pour le Grand Inquisiteur du *Miroir persan* de Thomas Pavel (Montréal, Éditions Quinze, 1977, p. 37-74), le « bruit obscur » (« el ruido obscuro ») signale, à travers la prière d'un individu, la présence sourde de l'hérésie ; son murmure roule et s'amplifie peu à peu, empêchant la prière d'être unie à la pensée de Dieu (et par là : *silencieuse*), et laissant au contraire se développer en elle une pensée distincte, privée. Le murmure impie devient ainsi, lentement, ce bruit sourd d'une parole humaine qui ne se mêle plus au silence indistinct (contemplatif) de la prière devant le monde, mais qui l'affronte et le *défie* au lieu de le déifier. Ce « bruit obscur » de la parole, la terreur de l'autorité insolente qu'il risque de signaler, constitue par là une donnée fondamentale de la problématique littéraire d'Aquin ; il faudra donc revenir, un peu plus loin, sur cette question (cf. p. 107 à 136, « *Neige noire* : Le monde béant »).

2

TROU DE MÉMOIRE

Images cachées de la mort

Il se peut bien que l'approche de la mort, son geste souverain, son ressaut dans la mémoire des hommes creusent dans l'être et le présent le vide à partir duquel et vers lequel on parle. Mais *l'Odyssée* qui affirme ce cadeau du langage dans la mort raconte à l'inverse comment Ulysse est revenu chez lui : en répétant justement, chaque fois que la mort le menaçait, et pour la conjurer, comment — par quelles ruses et aventures — il avait réussi à maintenir cette imminence...

(Michel Foucault, « Le langage à l'infini », *Tel quel*, no 15, 1963, p. 44.)

L'Éden et le miroir

On raconte dans *les Mille et une nuits* que le sultan Schahriar, alors qu'il était allé chasser le cerf, fut trompé par son épouse. Son frère, le sultan Schazenan, à qui le même malheur était arrivé récemment, avait été témoin de la scène et raconta tout à Schahriar ; celui-ci entra alors dans une colère terrible et résolut de se venger d'une manière exemplaire. Il fit d'abord tuer la sultane infidèle ainsi que toutes ses suivantes ; puis, persuadé désormais qu'aucune femme ne savait être sage, il décida d'épouser chaque nuit une jeune fille qu'il ferait mettre à mort le matin suivant. Le grand vizir, chargé d'amener au sultan les victimes qu'il lui désignait parmi les gens de sa cour, dut ainsi introduire la fille d'un général, puis celle d'un officier subalterne, et ainsi de suite... Le royaume était plongé dans la terreur. Le vizir lui-même se mit à craindre pour ses propres filles. Mais un jour son aînée, Scheherazade, lui demanda en faveur de la mener auprès du sultan ; elle saurait, disait-elle, apaiser sa colère et empêcher qu'il ne fasse d'autres victimes. Le grand vizir, au désespoir, dut consentir au projet de Scheherazade et la conduire, en compagnie de sa soeur Dinarzade, chez Schahriar.

À la fin de la première nuit, Dinarzade réveilla sa soeur et la pria de lui raconter, avant de mourir, l'un de ces contes merveilleux dont elle avait le secret. Scheherazade récita donc l'histoire du « Marchand et du génie ». Cependant, le jour se levant bientôt, le sultan dut aller à ses affaires, et le conte ne put être terminé. Scheherazade laissa toutefois entendre que la suite était plus merveilleuse encore, et le sultan, intrigué, ne la fit pas tuer. Le même manège recommença comme on sait le lendemain, puis le jour suivant, et tous les autres jours... Si bien qu'au terme de la mille et unième nuit, ébloui par la sagesse, la mémoire et l'intelligence de Scheherazade, Schahriar décida de la garder pour épouse, et renonça à la loi qu'il s'était imposée jadis.

Les récits innombrables des *Mille et une nuits* se situent ainsi à la limite de deux mondes, sur la ligne même de leur démarcation. L'univers du sultan Schahriar était, à l'origine, édénique ; souverain par héritage d'un empire immense, propriétaire de richesses inépuisables et de pouvoirs illimités, possesseur d'une femme dont il n'est rien dit sinon qu'elle était belle et sensuelle, le sultan était l'image même de la royauté, le semblable de Dieu. Or, dès le début du récit, il lui est révélé que son épouse le trompe d'une manière infâme, en compagnie de ses suivantes et de nombreux esclaves noirs ; dès lors, toute la grandeur du sultan ne lui sert plus de rien. Elle ne fait au contraire qu'accentuer l'horreur de sa situation : lui, le Maître, le possesseur, humilié par ses esclaves et par les désirs secrets de sa femme, trompé par la part obscure et voluptueuse de leur insolente *humanité* ! Sa colère, à la fois impuissante et terrible, devait s'abattre comme un fléau...

Scheherazade, pourtant, vient délibérément au-devant de ce danger. C'est elle qui demande à être conduite auprès du sultan, et qui réussit par ses contes à suspendre, puis à effacer sa malédiction. C'est elle, en d'autres termes, qui se porte à la limite des deux mondes, entre l'Éden et l'enfer, pour y rejoindre le sultan et l'amener peu à peu, grâce à l'espèce d'enchantement transitoire qu'elle maintient par ses contes, au réel humain qui ne lui avait pas été, jusque-là, supportable. En donnant lieu, dans ses récits, au déploiement de mille magies, mondes et fantasmes (d'audace inégale sans doute, mais que le prudent Galland a pris soin d'adoucir), Scheherazade initie donc peu à peu le sultan au monde, elle efface la violence et la peur qui l'avaient envahi jadis, et le prépare enfin à l'accepter elle-même, au terme de la dernière nuit, comme vraie femme et réelle épouse. Mais tant que dure son récit, elle se maintient en équilibre entre la vie et la mort, au seuil de sa disparition. Raconter, dans *les Mille et une nuits*, devient ainsi le principe même de la survie ; non seulement pour Scheherazade, mais aussi pour les personnages de ses propres histoires, qui ne tiennent souvent à la vie que par le fil de leur récit, et qui reproduisent dans l'urgence de conter la situation même de la conteuse principale en face du sultan. Et lorsque Scheherazade, au terme de la mille et unième nuit, obtient la grâce du sultan, lorsqu'elle peut enfin cesser de raconter interminablement, tout disparaît ; le récit-cadre lui-même ne survit pas d'une page au silence de la sultane et l'écriture, parole singulière, semble n'avoir plus cours quand la mort ne l'habite plus.

Ce qui brille au fond de l'écriture, et qui parfois se développe en elle jusqu'à l'occuper tout entière, c'est bien ici l'espace de sa propre mort. À l'aube de la six cent deuxième nuit, merveilleuse entre toutes, Scheherazade entreprend audacieusement de raconter à Schahriar sa propre histoire ; tout son récit repasse alors par son point d'origine et revient lentement vers sa surface... « Que la reine continue, écrit Borges, et le roi immobile entendra pour toujours l'histoire tronquée des *Mille et une nuits*, désormais infinie et circulaire... [1] » Mais Scheherazade ne continue pas ; c'est sa propre vie qui est en jeu, dans celle du récit ; et le sort de ce dernier ne sera compromis qu'au moment où la sultane échappera définitivement à la mort que son récit *empêchait* pour le vouer enfin à celle qu'il *contenait*, et qui s'entr'ouvre un instant au fond de la six cent deuxième nuit. Ce que révèle en effet cette nuit terrible, ce n'est pas un espace extérieur au récit, un espace *autre* que le sien ; c'est au contraire son propre espace intérieur, sa propre image de récit captif et voué à la perpétuité qui se développe et risque de tout envahir...

Ce risque, avec Borges, Cortázar et quelques autres, nous est devenu familier ; il fait maintenant partie d'un imaginaire aléatoire et ouvert qui confère de plus en plus au seul défi d'écrire, d'envisager le récit l'autonomie ancienne de l'histoire qu'il racontait. Cette audace qu'avait Scheherazade d'affronter, en même temps que la colère du sultan, la circularité du récit ne lui appartient donc pas en exclusivité ; on la retrouve effectivement dans des oeuvres aussi diverses que *le Manuscrit trouvé à Saragosse* et *Don Quichotte*, *Hamlet* et la poésie baroque, et tout aussi bien dans l'univers d'*Alice* chez Lewis Carroll que dans *la Prise de Constantinople* chez Jean Ricardou.

---

1. J. L. Borges, cité par T. Todorov, dans *Grammaire du Décaméron*, La Haye, Mouton, 1969, p. 91.

On la reconnaît encore dans la peinture (avec *les Époux Arnolfini* de Van Eyck, *les Ménines* de Vélasquez), la musique (les canons, certaines fugues de J.S. Bach) ou le cinéma (*Face à face* de Bergman, *l'Année dernière à Marienbad* de Resnais, etc.). Dans l'oeuvre d'Hubert Aquin, en particulier, cette fascination du miroir (le jeu complexe des inversions de perspectives, l'utilisation savante du récit spéculaire) semble remarquablement constante et paraît en outre focaliser dans l'écriture du romancier une résistance et une motivation tout à fait centrales, partagées comme le récit de Scheherazade entre la vie et la mort, et condamnées comme Schahriar à la possession violente et au meurtre de ce qui leur échappe et qui pourtant leur est essentiel : le pouvoir, la domination de l'Autre, la souveraineté absolue du langage sur le murmure confus du désir et sur ses objets sans nombre.

À la différence, cependant, de ce qui se produit dans la plupart de ces oeuvres qui, par le procédé du miroir, inscrivent (ou inversent) au fond d'elles-mêmes leurs propres données esthétiques et leur propre vision du monde, les textes d'Aquin semblent ignorer totalement le côté *ludique* de la mise en abyme. À l'inverse, en effet, de ces jeux de techniques dont l'usage définit maintenant une part importante des poétiques de la modernité, l'univers romanesque d'Aquin ne se distancie pas de ses propres reflets, il n'arrive pas à concevoir comme *jeu* la suite de duplications au sein de laquelle il se trouve, presque d'emblée, saisi. Un peu comme dans le cas du *Loup des steppes* de Hermann Hesse (et de son personnage principal Harry Haller dont les initiales — tout comme celles de l'auteur — ne sont pas sans rappeler ici celles de H. de Heutz [2]), le

---

2. Les initiales du banquier suisse renvoient également, avec plus d'autorité peut-être, à celles de Humbert Humbert, le narrateur nabokovien de *Lolita*. En effet celui-ci, comme l'espion felquiste de *Prochain épisode*, écrit son livre en prison, dans l'attente de son procès ; il est, comme l'autre, séparé de la femme (fille, enfant) qu'il aime et a dû comme lui être placé sous observation psychiatrique. Il faudrait ajouter à ces concordances principales quelques coïncidences de détails, ainsi que les marques d'une certaine parenté stylistique entre les deux oeuvres. Bien qu'elle soit peu connue, l'influence de Nabokov sur Hubert Aquin paraît donc ici incontestable (cf. V. Nabokov, *Lolita*, Paris, Gallimard (1959), Folio, 1979, 502 p.).

récit aquinien ne se dégage plus de ses propres abymes, il n'arrive plus à diriger sur le monde — sur son monde — un regard dépris de ce tourbillon angoissant de doubles.

Contrairement, encore une fois, à ce qui se passe chez des auteurs comme Claude Simon, Robbe-Grillet, Michel Butor, Thomas Pavel ou Louis-Philippe Hébert, pour lesquels cette multiplication de figures reste avant tout une technique narrative, cet enchaînement infini et circulaire d'images semblables prive chez Aquin le discours du roman de son *terme*, et va jusqu'à effacer au fond de son langage la présence de son ultime référent : l'existence même du roman. L'oeuvre, littéralement, se perd de vue ; tout ce miroitement de figures détermine alors peu à peu, dans les textes d'Aquin, un flottement désemparé, une apesanteur tragique du moi, de la parole individuelle égarée au sein de ses propres échos. *Prochain épisode* se termine du reste par l'évocation d'un roman qui n'existera jamais, alors que le texte de *Trou de mémoire*, lui, s'enfonce d'emblée dans un univers de la réclusion, de la mort et de l'oubli *nécessaire* du roman.

Cette « pensée » tragique du miroir ne s'impose évidemment pas, dans les deux premiers romans d'Aquin, dès le début. Elle se développe, plutôt, à mesure que leurs récits se forment, et s'affirme progressivement — comme une espèce de terreur — au milieu des figures cachées, des blasons et des trompe-l'oeil du texte, auxquels il faudrait d'abord consacrer notre attention.

Trou de mémoire, comme *Prochain épisode*, s'élabore à partir de l'échec, de l'absence historique qui empêche l'écrivain d'accéder à la parole, d'exercer son pouvoir :

Ce pays n'a rien dit, ni rien écrit : il n'a pas produit de conte de fée, ni d'épopée pour figurer, par tous les artifices de l'invention, son fameux destin de conquis : mon pays reste et demeurera longtemps dans l'infra-littérature et dans la sous-histoire (T.M. p. 55-56).

Ce roman, comme l'autre, est une attente dégradée de l'histoire, « interminable samedi saint » (T.M. p. 38) passé « entre la mort et la résurrection (...) dans une espérance régressive et démodée » (T.M. p. 38) ; livre marqué par le silence et la dépossession, *Trou de mémoire* envisage lui aussi le recours à la révolution pour s'imposer, brusquement, à l'histoire :

Oui, j'écris ce que je comprends, ce que je projette de faire, ce que j'ai fait (pauvre Joan...) ; mais cela ne fait que commencer. Les plombs n'ont pas fini de sauter ; Joan est morte, mais cela n'est qu'un début... C'est comme une préface laconique à la martingale d'attentats et de crimes que je projette de faire (T.M. p. 57).

La « violence matricielle » (P.E. p. 139) de *Prochain épisode* cède ici le pas à « l'action matricielle de la parole » (T.M. p. 57), porteuse d'une révolution qui vise, au premier chef, à désacraliser le pouvoir qu'exerce le conquérant sur le conquis, la femme sur le héros, et son sujet sur l'écrivain : « moi, j'écris au niveau du pur blasphème » (T.M. p. 57). Cependant, alors que dans *Prochain épisode* le héros retardait sans cesse le moment de tuer H. de Heutz, *Trou de mémoire* s'ouvre presque immédiatement sur l'évocation d'un meurtre. En effet, après les premières pages (reproduisant une lettre d'Olympe Ghezzo-Quénum à Pierre-Xavier Magnant), le principal narrateur de ce livre (Magnant lui-même) entre en scène bruyamment ; sous le choc d'une forte dose d'excitants, l'écrivain-pharmacien se représente fébrilement en train d'écrire un texte compliqué, délirant, exalté, dont le caractère surécrit semble avoir précisément pour but de retarder certaine vérité, d'empêcher l'aveu d'une lucidité au fond de laquelle gît, en abyme, une image de mort :

Je flambe sur place, aliéné dans mon incandescence pyrophorique. L'important est de me taire. (...) Me taire, ah oui ! me taire à tout prix, car je profuse comme une grenade incendiaire, j'éclate de partout, je vésuve de plus en plus, je m'inquiète. Le roman ; il n'y a que ça pour m'imposer silence et me distraire de ma perfection. J'écris, je raconte une histoire — la mienne — je raconte n'importe quoi ; bref, j'enchaîne, je cumule, je gaspille les effets secondaires, qu'importe ! Pourvu que je ne parle pas, pourvu que je résiste... Parler me perdrait, car je finirais, chargé à bloc comme je le suis, par m'épancher en rafales et par raconter, n'y pouvant plus tenir, que j'ai tué. J'ai tué, oui ! (T.M. p. 21).

Cette inscription de la mort à l'intérieur du roman est centrale. Elle renvoie, bien sûr, à la thématique ambivalente de la disparition déjà contenue dans *Prochain épisode*, mais elle marque par rapport à la problématique de ce premier roman un décalage important : au lieu en effet que la mort (comme dans le cas de H. de Heutz) contienne le principe de la renaissance et de l'avenir (politique, littéraire et amoureux) du héros, elle figure dans *Trou de mémoire* un enfermement plus radical de la parole à l'intérieur de son impuissance. Le « prochain épisode » a pratiquement disparu, au début du second roman d'Aquin, de l'horizon d'attente du discours ; ce qui le remplace désormais, c'est l'image obsédante du cadavre de Joan, l'amante assassinée, placée « en travers du livre » (T.M. p. 143) comme un barrage et une fascination. La présence encombrante du corps nu de cette femme nimbée, sacralisée par Magnant [3], est foyer, chapelle ardente, point de convergence de toutes les perspectives du récit ; elle est l'image de la mort même du langage, auquel elle renvoie interminablement pour ne pas disparaître. La parole ici n'est plus promise à l'avenir, à la résurrection ; elle est tournée tout entière vers le passé, vers son point d'origine absent, vers le vide historique pur et simple. Elle ouvre en quelque sorte *vers le bas* ; sur le meurtre récent de Joan d'abord, puis, sur le crâne anamorphique qui traverse, en perspective codée, l'espace de la représentation des *Ambassadeurs* d'Holbein le Jeune.

Ce tableau sert tout à la fois de symbole, de double et de modèle à l'écriture de *Trou de mémoire*, qui compense par cette correspondance esthétique le néant historique de l'écrivain et fonde son discours en signification. Mieux, cette toile trahit le texte comme quête d'*autorité*, ce pouvoir qu'il ne possède pas et que le crâne du tableau d'Holbein, image déformée du spectre d'Hamlet, lui procure à distance :

Cette forme est le centre secret de cette grande composition, un peu comme le meurtre de Joan est le socle sombre du roman. La

---

3. « Oui, chérie, tu serais un coeur de ne pas sentir la mort et d'échapper à ces métamorphoses putrides qui conviennent beaucoup mieux, crois-moi sur parole hostie, aux enfants de chienne de bas-canadiens et de basses-canadiennes (...) » (T.M. p. 85).

forme pâle indiscernable qui flotte au-dessus du sol s'apparente au corps blanc de Joan qui repose sur les dalles froides de la morgue. En vérité, son corps repose en travers du livre, projetant une ombre anomalique sur tout le récit — un peu à la manière de l'ombre projetée par le crâne dans le tableau d'Holbein (T.M. p. 143).

Par ce recours à l'espace d'une représentation de type postrenaissante (Aquin fait fréquemment référence aux oeuvres baroques de la fin du XVIe et du début du XVIIe siècles, et il utilise volontiers dans ses compositions des techniques de codification analogues à celles de cette époque), il semble que l'écriture de *Trou de mémoire* cherche à s'imposer d'emblée comme « classique ». Plus encore que celle de *Prochain épisode*, elle tend en effet à se poser comme représentation absolue, c'est-à-dire comme référence, modèle même de sa propre existence. Il est de toute manière constant, surtout dans le cas des trois romans écrits avant *Neige Noire*, que l'écriture romanesque d'Aquin s'efforce de contenir ses propres désignations, d'assumer sans cesse toutes les sources de sa propre genèse. Elle vise à devenir, au sens strict, parfaitement autoréférentielle et entreprend pour y arriver d'épuiser, de parcourir en tous sens son espace de représentation. Un peu comme le miroir au fond de la pièce où se tiennent *les Époux Arnolfini*, ou *les Ménines*...

Ce principe de représentation en abyme, de *Prochain épisode* à *l'Antiphonaire*, se trouve en effet au centre de l'écriture d'Aquin. Par lui, le texte entreprend de définir en entier son aire de signification et de devenir son propre signe ; il veut se poser, ainsi que le dit Michel Foucault de la toile de Vélasquez, comme « représentation de la représentation » et « définition de l'espace qu'elle ouvre ». Mais aussi, de ce fait, le discours reconnaît et inscrit en son propre centre un miroitement infini, un point où tout doit être réfléchi mais où rien n'est jamais achevé, et par lequel la représentation menace toujours de s'ouvrir vers le bas, sur le vide et la disparition. Il serait donc possible, encore une fois, de reconnaître dans l'écriture d'Aquin une disposition scénique analogue à celle du langage classique, telle que la dépeint Foucault depuis la toile de Vélasquez :

Elle entreprend en effet de s'y représenter en tous ses éléments, avec ses images, les regards auxquels elle s'offre, les visages qu'elle rend visibles, les gestes qui la font naître. Mais là, dans cette dispersion qu'elle recueille et étale tout ensemble, un vide essentiel est impérieusement indiqué de toutes parts : la disparition nécessaire de ce qui la fonde — de celui à qui elle ressemble et de celui aux yeux de qui elle n'est que ressemblance. Ce sujet même — qui est le même — a été élidé. Et libre enfin de ce rapport qui l'enchaînait, la représentation peut se donner comme pure représentation [4].

Chez Aquin, pourtant, une telle liberté n'existe pas ; le lien de la représentation avec ce qui la fonde et qui lui ressemble n'est pas maîtrisable, et ne peut être rentabilisé. Le rapport du narrateur-héros avec H. de Heutz, dans *Prochain épisode*, celui de P.X. Magnant avec Charles-Édouard Mullahy (qui n'est autre que lui-même) et Olympe Ghezzo-Quénum, son double noir, de même que celui de Renata avec Suzanne, celui de Christine avec Antonella, dans *l'Antiphonaire*, et enfin, surtout, le rapport constant du narrateur-auteur au destinataire-lecteur de tous ces livres, ne permettent pas au processus de la représentation de se désancrer. La relation au Même reste, à tous les niveaux du discours, problématique et ne peut s'inscrire dans la diégèse qu'à titre d'obstacle, d'empêchement. De sorte que ce n'est plus le spectateur qui disparaît du tableau, mais l'acteur qui s'abîme dans sa contemplation, le récit lui-même qui s'enfonce dans sa propre recherche et ne refait plus surface, comme c'était encore le cas dans *Prochain épisode*, du côté de son avenir.

À la différence du texte classique, dont il reproduit à l'envers, comme sur la couverture de *Point de fuite*, l'image, le texte d'Aquin reste donc soumis à ce qui le fonde et à quoi il ressemble comme à une exigeante paternité : au lieu d'introduire à elle-même et d'assumer, devant le monde qui la contemple, sa propre représentation, l'écriture du romancier

---

4. M. Foucault, *les Mots et les choses*, Paris, Gallimard, N.R.F., 1974, p. 31.

revient sans cesse à ses modèles, elle se réfugie dans l'antérieur, le prédit. Cependant, faute d'une assise historique qui
lui permettrait de dépasser son motif fondamental, elle s'y
enfonce et reproduit inlassablement — inévitablement — sa
forme. Cette relation interminable au Même empêche que
s'établisse la différenciation salutaire entre l'ancien et le nouveau, le dedans et le dehors, le néant et l'avenir ; elle bloque
enfin l'accès à l'Autre et limite tragiquement l'écriture à la
profondeur inquiétante du miroir qu'elle se tend.

Comme *Prochain épisode*, *Trou de mémoire* est un livre
marqué du sceau de l'ambivalence, partagé entre l'angoisse et
le désir de sa propre révélation, de sa propre formulation de
l'essentiel ; d'autre part ce roman est aussi, comme l'autre,
condamné à l'immobilité et à l'attente perpétuelle de la
révolution, dans le vide et la neutralisation historiques. Le
modèle esthétique qu'il se donne alors à imiter, faute de
pouvoir recourir à une tradition culturelle spécifiquement
québécoise, accuse au lieu de la masquer la « faille » origi-
nelle de l'écriture d'Aquin : le sentiment de la dépossession.
« Je suis, à proprement parler, possédé ; mais je sais qu'une
dépossession rapide succédera à mon trop pur plaisir.
Possédé, je ne possède pas ce qui a la vertu de posséder »
(T.M. p. 25).

C'est dans cette brèche de la conscience que se glisse,
en équilibre difficile entre la vie et la mort, la parole de l'écrivain, l'existence ambiguë de son récit promis à la disparition
dans une lucidité terrible, et voué pour éviter ce sort à sa
propre dissimulation sous les masques, les images, le demi-
silence de l'écriture en miroir. « Je ne possède jamais ; je
brûle, j'immane, je caresse à mort, je fais perdre la raison, je
combats la lucidité... car la lucidité, j'en sais quelque chose,
c'est la chute — la cassure rythmique qui prélude à la
dépression » (T.M. p. 25). Dans *Prochain épisode*, ce choc de la
« lucidité homicide » (P.E. p. 13) était sans cesse différé,
remis à plus tard, au futur ; *Trou de mémoire*, au contraire,
commence en pleine crise, dans un délire verbal et sacrilège
dont nous apprenons, peu à peu, qu'il est discours de dissimulation et d'évitement. Dès le début de ce livre, en effet, le
meurtre est déjà accompli : le corps nu de Joan est déjà

hantise, obstacle ; sous sa forme, un vide redoutable habite
déjà le roman :

**Blason mortuaire au centre de ce livre, Joan fait fonction de
crâne indiscernable qui se tient entre *les Ambassadeurs*. Elle
anime tout ; elle est le foyer invérifiable d'un récit qui ne fait
que se désintégrer autour de sa dépouille (T.M. p. 143).**

la mort

Cette faille, cette ouverture de l'écrit vers la mort, rien
n'arrive à l'effacer. Tout en est au contraire l'image, tout la
confirme et la multiplie : de la toile de Holbein aux décors de
théâtre en trompe-l'oeil, et de la duplication fidèle de
Magnant et Joan en Olympe et Rachel à l'imitation savante
des structures du roman d'espionnage. D'un côté, le texte
déploie l'image auréolée de ses modèles et de l'autre, il dévoile crûment sa part maudite, la face obscure de sa condition.
Trou de mémoire n'est pas promis à la violence de la libération ;
il est tout entier captif, dès le début, de la mort de Joan et de
son terrible secret, et voué comme elle à l'ensevelissement.
Ce roman, à l'inverse du vrai roman d'espionnage, ne se sort
pas du crime parfait qu'il a perpétré contre lui-même et qu'il
n'arrive plus à résoudre. Même « axé sur la pharmaco-
manie » (T.M. p. 63), le pouvoir de ce livre n'arrive plus à
s'éloigner du sentiment de son impuissance, et son écriture ne
se libère pas, n'échappe pas à la mort souveraine :
« L'agencement même du livre — cette séquence qui va de la
confession à la création romanesque — peut se comparer à
la composition de Holbein : c'est un blason écrit sur fond de
mort mais en trompe-l'oeil » (T.M. p. 143). L'atroce vérité
qui hante ce texte, le danger de la lucidité qui le condamne à
la duplication et aux masques, bref, l'essentiel secret qui
oblige et qui empêche d'écrire — qui est la littérature même
— c'est à l'*Autre* qu'il appartient. C'est dans la peur et le
désir mêlés d'accéder à l'Autre et dans la difficulté d'échapper au Même que se définit et se formule, de façon chaque fois
différente, le sort de la littérature et de l'art.

Tout langage, à l'origine, est à débattre avec l'autorité
des voix qui l'entourent et qui l'inspirent ; et tout art, pour
parvenir à sa propre expression, doit envisager l'épreuve de

sa différenciation. Toute oeuvre est « autre » et doit passer par l'Autre pour parvenir à l'expression du Même ; l'art circule à travers le monde pour arriver ainsi à la découverte de ce qui le fonde, pour arriver à sa *propre* formulation. Il est persistance, entêtement de sa propre voix parmi les autres voix du monde, recherche de son propre chant au milieu des récifs et des sirènes. Dans l'oeuvre d'Hubert Aquin, toutes les conditions de cette lutte, tous ces affrontements sont étrangement et exceptionnellement intériorisés. Aquin ne s'*inspire* pas de la toile d'Holbein et du roman d'espionnage, de l'art baroque et de la pharmacologie ; il découvre peu à peu en eux, au contraire, au fur et à mesure que son oeuvre s'écrit, des confirmations successives de son propre statut artistique et la garantie d'une certaine complicité culturelle. Holbein, Holmes, Joyce, Paracelse, l'alchimie, la médecine et le cinéma *prouvent* à Aquin que *Prochain épisode*, *Trou de mémoire*, *l'Antiphonaire* et *Neige noire* existent en tant qu'oeuvres ; ils fondent, tous ensemble, ses romans en *signification* — non en *autorité*.

Sauf dans le cas de *Prochain épisode*, où l'intériorisation de cette quête du sens (par mise en abyme parfaite de la genèse du roman dans sa propre fiction) se maintenait à peu près dans les limites du cercle d'autorité du narrateur-héros, l'écriture d'Aquin cherche sans cesse sa confirmation ailleurs qu'en elle-même. Du roman d'espionnage au cinéma, en passant par la peinture, le théâtre et l'histoire, son univers culturel la cautionne sans cesse ; tout la complique et lui ressemble à l'infini, mais en revanche, tout la dispense d'affirmer sa propre identité, de s'éprouver comme différente et de passer par cette différenciation pour arriver vraiment à elle-même, à ce qui la fonde en dépit de ce qui lui ressemble. Plutôt que la conséquence d'une insécurité culturelle, effet secondaire du vide et de l'échec historiques, l'écriture d'Aquin est l'exercice même de la dépossession. La littérature chez lui est possible en autant qu'elle ne passe pas la limite du Même, qu'elle n'oblige pas à affronter le monde pour parvenir à l'Autre. Elle est parole de mort à travers mille incantations à l'amour et à la vie, voix qui ne couvre pas parfaitement, comme toute littérature pourtant, son propre murmure obscur : « J'écris d'une écriture hautement automatique, avoue le narrateur de *Pro-*

chain épisode, et pendant tout ce temps que je passe à m'épeler, j'évite la lucidité homicide » (P.E. p. 13).

H. de Heutz, c'est bien vrai, ne meurt pas à la fin de ce premier roman ; le héros, incapable de résoudre son affrontement du Même en la personne de ce double qui lui sert de modèle et d'ennemi, n'arrive pas non plus à l'Autre que représente K et qui signifie encore l'accession à l'histoire, au pouvoir, à la littérature ; il n'accède pas à la formulation idéale du moi, reléguée au chapitre final qui manquera toujours à ce roman. Dans *Trou de mémoire*, au contraire, le meurtre est consommé dès les premières pages ; Joan, en fait, a même été assassinée avant que le roman ne commence... Sa disparition, puis, plus tard, le rappel périodique de son meurtre et la description des circonstances qui l'entourèrent rétablissent apparemment le narrateur dans une situation de domination relative. Mais en réalité, Joan le possède absolument, par delà sa mort, à travers tous les signes d'une absolue supériorité culturelle.

À la suite du narrateur de *Prochain épisode*, qu'un conflit profond avec H. de Heutz empêchait d'accéder à K, celui de *Trou de mémoire* s'avère lui aussi incapable d'une relation réelle à l'Autre. À tel point que le « roman » de Magnant ne peut commencer qu'après la mort de Joan, qu'il a ainsi possédée d'une manière violente et radicale ; l'écriture, à partir de ce moment, n'est plus qu'un suaire : « comme le tapis oriental du tableau, la prose du récit est sans profondeur, mais non sans pli. Elle a l'épaisseur d'un voile ; mais qu'est-ce qu'un voile sinon un masque, la peau d'une peau ? » (T.M. p. 145). Le livre tout entier se formule alors en termes de meurtre et de blasphème, comme autant de transgressions grâce auxquelles le narrateur peut arriver à écrire, mais également comme autant d'obsessions au fond desquelles son écriture se perd. Le corps nu de Joan, comme le crâne des *Ambassadeurs*, tire en effet tout le roman en arrière, vers le remords et l'effacement ; il confronte sans cesse l'écriture au rappel de cet Autre disparu, qui la hante et la détruit... C'est cette double référence à la mort et à l'art qui constitue, chez Aquin, la figure cachée du récit ; sa vraie forme apparaît, marquée par l'impuissance et la transgression violente, lorsqu'on observe le déploiement du texte sous l'angle du rapport à l'Autre, anamorphose complexe de la relation à l'écriture.

Car le désemparement, le sentiment de la dépossession n'est pas chez Aquin une simple conséquence de l'échec historique de 1760. Certes, ce sentiment existe ; il détient dans la conscience politique d'Aquin un rôle comparable à celui qu'il tient chez d'autres écrivains de sa génération, également impatients devant l'histoire et préoccupés de la fonction sociale de la littérature. On pense ici à la *Terre Québec* et à la « Fondation du territoire », à ce lieu nouveau de la conscience collective où se répondent depuis 1960 environ le poème et le roman, le discours politique et le discours de l'essai... Mais chez Hubert Aquin, de « La fatigue culturelle du Canada français » (1962) à « La mort de l'écrivain maudit » (1969), le blocage dans l'évolution historique de la société tout entière est sans cesse repris dans un sens de plus en plus personnel et privé. À tel point que la relation finit par se renverser et qu'à partir de 1970 environ, l'empêchement politique n'est plus pour l'écrivain que l'effet secondaire d'un phénomène d'impuissance plus profond, c'est-à-dire complètement intériorisé. Dès lors, la relation du privé au politique s'établit en termes de pouvoir, l'univers intérieur chancelle sous le poids du monde réel et la dépossession s'inscrit dans la parole de l'écrivain comme symbole premier de l'aliénation du moi. Toute la suite de l'écriture oscille entre « l'hypostase et l'agression » (P.E. p. 93), l'affrontement violent du dehors et l'effondrement brutal du dedans ; le texte romanesque devient ainsi l'espace de prophéties sombres, l'attente confuse et ambivalente d'un messie à la fois libérateur et destructeur, satanique et divin : écrire est une mystique noire, agissant entre le coma et l'absence d'une part, le viol et le meurtre de l'autre.

Au coeur de tous les tableaux : la mort. Celle-là même qui traverse la toile d'Holbein, l'esthétique baroque et le royaume d'Hamlet, celle-là qui empêche de disparaître et d'apparaître vraiment, et qui condamne à mourir interminablement au fond de l'histoire, au fond de l'art, au fond de soi. De *Prochain épisode* à *Neige noire*, en effet, les romans d'Aquin ne naissent pas, ne commencent pas ; le discours, d'une fois à l'autre, n'arrive à se former que par miroitement, lorsque l'écriture — le désir d'écrire — capte le reflet d'un modèle antérieur, chargé d'autorité. Tout début de roman annonce chez ce romancier, d'une manière ou d'une autre, l'absence de l'écrivain, la dissémination et la dispersion de la parole au sein d'innombrables instances narratives, la diffraction du discours en ses mille ressemblances. L'inspiration vient à travers le vide, le manque d'inspiration.

Cette réticence de la pensée créatrice à la pratique de l'écriture semble en fait signaler, chez Aquin, une incapacité formelle du texte à répondre adéquatement au concept de littérature, ou même, globalement, d'oeuvre d'art. Les fictions d'Aquin, dans l'ensemble, pourraient se définir comme les lieux de croisement de plusieurs théories esthétiques et de diverses traditions d'écriture, souvent contradictoires ; elles se distinguent surtout, en marge de cette trame culturelle composite et serrée, par la présence d'un antagonisme fondamental entre un type poétique et un type narratif du discours. Aquin, bien entendu, n'a pas laissé derrière lui d'oeuvre en vers ; ses romans, cependant, témoignent d'une fascination réelle pour la poésie (*Prochain épisode*, en particulier, contient un grand nombre d'allusions à Musset, Baudelaire, Byron, Orphée, etc.) et pour le lyrisme poétique. Cette tentation lyrique de l'expression est constante chez lui ; elle est profondément inscrite dans le discours du roman et tente en général d'y incanter (par de longues énumérations de noms de personnes, de lieux et de pays) une présence, un sens des figures et de la parole que le registre narratif de l'écriture ne présente pas.

Toute une tradition poétique semble ainsi traverser le langage d'Aquin et signaler en lui une volonté intense d'arriver à une formulation entière, pleine et unitaire de l'expérience intérieure et de l'oeuvre d'art. La somptueuse violence de *Trou de mémoire*, les brouillards alchimiques de *l'Antiphonaire* et l'extase mystique de *Neige noire* traduisent tous ensemble, à la suite de *Prochain épisode*, une authentique recherche d'unité artistique et existentielle, un très grand désir d'unanimité du verbe et de la conscience devant le monde et devant l'art. Par eux, le poétique et le lyrique paraissent s'inscrire dans les textes d'Aquin comme la tentation d'un abandon total de la pensée aux signes (figures et noms) du réel, l'espoir d'une relation à l'univers saturée d'un sens supérieur, transcendant.

Mais cette volonté d'unité, de pénétration harmonieuse du cosmique et de l'individuel par le biais du langage reste d'une extraordinaire ambiguïté. Car tout au bas de cette trajectoire lyrique du discours romanesque, il faut observer chez Aquin la présence d'une trajectoire narrative absolument folle, qui disperse dans un vaste morcellement des structures du récit (de plus en plus éclatées à mesure que l'oeuvre progresse) l'harmonie, la complémentarité idéale du moi et de l'Autre qu'appellent les passages lyriques du texte. Dans *Prochain épisode*, par exemple, après le rappel nostalgique de la révolution cubaine et la chute ralentie du narrateur « au fond des choses » (P.E. p. 7), les silhouettes de Ferragus et de Balzac reviennent très vite hanter les univers du héros et du narrateur, leur imposant de quitter ce bonheur contemplatif qu'ils puisaient dans les paysages de la Suisse et la présence de K, pour s'engager abruptement dans une insoluble poursuite de H. de Heutz, et du genre romanesque lui-même [5].

Dès lors, tout le récit est appelé à reproduire, au sein de structures de plus en plus complexes, l'éclatement de l'unité entrevue — mais perdue maintenant — parmi les noms et les figures lyriques du discours ; tout le code narratif contredit

---

5. Il faut préciser en plus que dans plusieurs des passages les plus lyriques et les plus contemplatifs de *Prochain épisode* (qui reste sans aucun doute le roman d'Aquin le plus habité par la poésie et le plus soutenu malgré tout par un désir à peu près intact d'écrire) les énumérations de souvenirs, de noms d'auteurs, d'événements ou de lieux portent *déjà* des signes d'aliénation, de fission de l'univers intérieur : il s'agit en effet très souvent, comme me l'a fait remarquer Gilles Marcotte, de noms anglais — ou à tout le moins, étrangers ; de noms, donc, qui semblent renvoyer à un univers irréparablement aliénant le sentiment de l'unité — perdue — du moi et son pouvoir — perdu aussi — de parvenir à l'Autre :

« C'est autour de ce lac invisible que je situe mon intrigue et dans l'eau même du Rhône agrandi que je plonge inlassablement à la recherche de mon cadavre. La route paisible qui va d'Acton Vale à Durham-sud, c'est le bout du monde. Dérouté, je descends en moi-même mais je suis incapable de m'orienter, Orient » (P.E. p. 10).

« Le paysage immense de notre amour s'assombrit. Je ne vois plus le piédestal ravagé des Hautes Alpes (...) ni la voûte synclinale du lac, ni la

dès cet instant le code « poétique » du texte et précipite l'identité virtuelle (maintenant neutralisée) des protagonistes au coeur d'un immense dépaysement. De *Prochain épisode* à *Neige noire*, cette diffraction des codes et des voix ne cesse pas de s'aggraver, descellant peu à peu toutes les identités et vouant chaque personnage et chaque instance narrative à une sorte de confusion exaspérée... Chacun risque alors de devenir quelqu'un d'autre, d'être aspiré par un pouvoir gravitationnel que le nucléus éclaté du moi ne possède plus ; tout se passe en fait comme si le désir d'écrire, chez Aquin, avait été d'abord inspiré par un effort poétique de désignation du monde pour s'effacer peu à peu, par la suite, au cours d'un travail de narrativisation qui ne racontait plus, en fait, que la dégradation douloureuse de la volonté même d'écrire, de croire au roman, au monde. Il faut du reste remarquer que la forme romanesque elle-même, de *Prochain épisode* à *Neige noire*, subit une détérioration qui semble trahir, dans une complexité et une confusion croissantes, l'absence de plus en plus complète de sol, de référent (de *nom*), pour le désir d'écrire et pour le genre narratif en général.

Aquin, du reste, a tout fait pour n'être pas écrivain ; mais la littérature semblait contenir pour lui, au fond d'une concurrence problématique entre l'attente et le refus, un principe absolu de vie et de mort : cette douloureuse et violente lucidité

---

masse renversée de l'hôtel d'Angleterre, ni le château d'Ouchy, ni la crête des grands hôtels de Lausanne, ni ce chalet invisible que j'ai rêvé d'acheter à Évolène dans la haute vallée d'Hérens, ni la forme vespérale du château de Coppet. Plus rien ne me sauve » (P.E. p. 97).

Cette liste, on s'en doute bien, pourrait être allongée indéfiniment... Chez Aquin, donc, même au sein d'une pratique typiquement incantatoire du discours, la magie du nom trahit une caractéristique schizoïde de l'écriture, une brèche à l'intérieur de laquelle les jeux de miroirs et de doubles viennent en quelque sorte *narrativiser* la scission profonde du procès d'énonciation, représenter indéfiniment l'oscillation du discours entre le désir et le refus d'écrire, entre la différenciation du moi (et de l'Autre) et l'aliénation, entre la fondation, enfin, d'un sens *propre* de l'écriture et la prospection interminable d'un sens *étranger*. (Il nous faudra revenir plus longuement sur l'étude du nom dans les romans d'Aquin ; la perspective analytique qui vient d'être évoquée ici sera donc reprise, en détail, dans les chapitres consacrés à *l'Antiphonaire* et à *Neige noire*.)

du désir qui ne supporte pas ses propres objets et qui les élimine, les tue. *Trou de mémoire* révèle d'ailleurs cette contradiction fondamentale du désir avec une netteté particulière :

Dès l'instant où Joan s'est avancée sur le tapis oriental de notre chambre ; oui, dès l'instant où elle a fait son apparition et dès l'instant où je suis entré en elle, une odeur de morgue s'est substituée au parfum délicat de Joan et, au fond de l'orgasme incohérent et divin, ce n'est pas l'amour que j'ai touché, mais la chair durcie d'un cadavre qui, par sa présence insolite, présageait un projet de meurtre absolu (T.M. p. 48).

À travers tous les romans d'Aquin, la détresse extrême dont témoigne l'écriture n'est en fait liée que par *anamorphose* à la situation historique du Canadien français, ainsi qu'aux thèmes du pays, de la femme et de la révolution inaccessibles. Sa vraie dépossession lui vient d'ailleurs, elle est *autre*, et consacre le moi dans cette aliénation qui capte, comme un diamant, tous les reflets. Du fond de ce scintillement, par lequel le discours aveugle sa propre origine, surgit une écriture à la fois amoureuse et mortelle, sinon amoureuse de sa propre mort. Écrire alors n'est plus un geste libre ; c'est un rituel au cours duquel le sentiment de l'isolement et de la dépossession *sacralise* la situation historique comme le texte sacralise ses modèles, ses doubles antérieurs et ses fascinations. Cette célébration intime du texte, ce mouvement par lequel la conscience de l'écrivain renvoie au monde comme à un texte préalable, se heurte cependant très vite à l'escarpement abrupt des significations. Si le modèle culturel choisi (le théâtre, l'alchimie, le roman d'espionnage, le cinéma, etc.) permet que soit présente dans le récit l'image cryptique de sa propre genèse, ce blason en revanche limite la circulation des signes au circuit qui s'établit entre le texte et ses modèles ; les significations, dans cet échange constant d'images, se dédoublent et se multiplient sans cesse. Comme les provisions magiques dont sont pourvus les voyageurs des contes, elles augmentent à mesure qu'on les utilise et finissent par s'avérer inépuisables. Très souvent, d'ailleurs, le texte du roman aquinien cesse d'être une narration et ne constitue plus qu'un commentaire plus ou moins détaillé sur le croisement de ses significations. Ainsi, dans *Trou de mémoire,*

> (...) l'intrigue du roman se déplie comme un tissu parsemé de
> lacs, comme une étoffe tragique par laquelle Pierre X. Magnant
> et Joan sont entrelacés au même titre que deux motifs de cette
> armature double, l'amour, puis la mort (T.M. p. 142).

Mais la constante présence d'un tel encadrement de
l'écriture répond encore à une autre fonction : celle de reproduire à la base même du texte, dans la référence culturelle
qui lui sert de socle, une béance du monde et de l'Oeuvre que
le texte ne parvient pas à combler et qu'il se contente —
comme pour le corps de Joan — de recouvrir. Non seulement
le discours romanesque n'arrive-t-il pas alors à se défaire de
cette fascination, mais encore la recherche-t-il ; il tend à formuler son propre vide, à le parcourir dans tous les sens et à
le transformer en quelque sorte en un *vide-plein*. Les narra-
teurs-écrivains d'Aquin intériorisent ainsi les termes de leur
dépossession et valorisent leur emprisonnement jusqu'à la
limite du langage ; leurs prisons sont des complexes culturels.

Dans ces conditions, tout désir d'écrire, toute tentative
d'accéder à l'exercice d'une parole neuve (émancipée de l'autorité écrasante de ses modèles) s'inscrit comme culpabilité
et mène l'écriture à l'impuissance. Les narrateurs des
romans d'Aquin sont effectivement des prisonniers, des narco-
manes ou des impuissants, avant de devenir des meurtriers et
des révolutionnaires. Témoin, ce passage de *Trou de mémoire*
où « l'éditeur » porte sur P.X. Magnant (qui n'est autre que
lui-même) ce jugement à la fois exhibitionniste et dissimula-
teur :

> (...) qu'il ait eu recours à toutes les drogues annoncées dans le
> Vademecum me laisse penser qu'il se croyait congénitalement
> ou préalablement infirme devant le réel, et presque incapable
> de l'affronter sans s'injecter, au préalable, d'une surdose d'aci-
> de racémique.
> Ce réel qui le terrassait inclut tout ce qu'on peut désigner de
> réel, donc, au premier titre, les relations sexuelles avec les
> femmes (T.M. p. 109).

En conséquence, l'écriture romanesque contient un principe
de rupture chronique, qui réduirait peu à peu la parole au
silence si elle n'envisageait — dans le meurtre, le viol et la
révolution — une transgression brutale de ses limites. La vio-

71

lence et l'érotisation du rapport à l'Autre deviennent ainsi des doubles grimaçants du rapport à l'écriture, figures cachées d'une mort d'autrui qui renvoie chaque héros, chaque narrateur à sa propre mort.

Parler, raconter, sont bel et bien ici des principes de chute : écrire est à la fois appel et exorcisme de la mort, à l'extrême limite du langage, sur la ligne qui le préserve de la disparition ; mais l'incantation sombre du récit trouble tout de même la « plénitude occulte » (P.E. p. 32), le silence sacré de l'inédit qui précède, indéfiniment, la vraie parole totale et libératrice, qui ne vient jamais. Cette absence enfin condamne le roman à l'exercice interminable et désespéré de ses prophéties, en attendant celui du blasphème et du meurtre, idoles noires de la révolution ; désormais, « une seule stylistique est possible : écrire au maximum de la fureur et de l'incantation » (T.M. p. 35).

À la phase d'intériorisation et de culpabilisation de *Prochain épisode* succède donc ici une transgression brutale ; l'écriture se voue à la violence, elle cherche à devenir une fois pour toutes cette activité subversive qui mènera à la révolution. Ce n'est pourtant là qu'un autre signe de sa culpabilité ; chez Aquin, la parole est de trop. La littérature est mal de l'Autre, mal du pays et mal du silence ; elle est en premier lieu le regard d'Orphée qui perd Eurydice et devient ensuite imprécation furieuse à l'endroit de ce geste malheureux, exercice violent de sa malédiction. Mieux encore, son propre désir voue la littérature au crime, au pouvoir exclusif de sa part maudite : « On a tort d'enseigner l'histoire de la littérature selon une chronologie douteuse : elle commence au crime parfait, de la même façon que l'investigation délirante de Sherlock Holmes débute immanquablement à partir d'un cadavre » (T.M. p. 82). Son fondement même est la mort d'autrui, transgression violente du moi confronté à sa propre mort et lui procurant l'illusion de la légitime défense.

Mais en réalité, le meurtre est une transfiguration de l'impuissance, une imprécation sans espoir contre le pouvoir, la souveraineté de l'Autre. Si bien que dans les romans d'Aquin, dans *Trou de mémoire*, *l'Antiphonaire* et *Neige noire* en particulier, la violence même de l'écriture, le meurtre, le blas-

à revoir : le fondement même de ces romans.

72

phème et le viol *sacralisent* les « victimes » et se retournent contre les narrateurs, c'est-à-dire les détenteurs du pouvoir narratif. Joan revient ainsi hanter Magnant, dont le projet de révolution se dégrade au point de n'être plus qu'« un crime, rien d'autre » (T.M. p. 83) :

> **J'ai tué. Joan immobile, preuve de mon initiative, agit sournoisement ; elle commence une seconde carrière occulte et indéfinie. La vie commence au crime : la vie du criminel, mais aussi la vraie vie de son partenaire funèbre (T.M. p. 82-83).**

Plus loin, cette culpabilité dévoile un autre visage, semblable au premier mais plus trouble encore, plus brouillé par le passage désordonné des signes de vie aux signes de mort :

> **L'acte même de semer la terreur ressemble impudiquement à tout ensemencement du ventre, à cette différence toutefois qu'il ne tient nullement compte de la mutualité du plaisir ; c'est un viol ! (T.M. p. 116-117).**

Et au paragraphe suivant : « Enfin, j'ai trouvé ma vraie puissance » (T.M. p. 117). L'écriture passe donc par cette terreur et ne lui échappe plus ; elle se soumet elle-même à la « chanson de mort » (T.M. p. 117) du désir qui l'habite et qui neutralise son pouvoir réel de création. Après *Trou de mémoire*, du reste, cette sacralisation des objets du désir se fait de plus en plus irrésistible, de plus en plus totale. Dans *l'Antiphonaire*, l'abbé Léonico Chigi et Renata Belmissieri découvrent l'amour physique comme une mystique : Renata, presque inconsciente au terme d'une crise d'épilepsie, est pratiquement violée par Chigi, mais sans brutalité ; des passages du *Cantique des cantiques* tempèrent et tamisent toute la scène, et nimbent le désir des partenaires d'un éclat qui le transcende. Dans *Neige noire*, cette sanctification amoureuse — qui n'est au fond qu'un ultime désamorçage du désir — s'épanouit en mystique totale entre les amantes Eva et Linda, soeurs lointaines de Joan et de Rachel Ruskin...

Ces relations passablement fermées, limitées au Même (comme l'est encore la relation de Sylvie avec son père, Michel Lewandowski, dans *Neige noire*), ne sont du reste que le terme d'un mouvement qui traverse toute l'oeuvre romanesque d'Aquin et que *Prochain épisode* annonçait discrètement,

du fond d'une représentation au second degré, par la description d'un couple de guerriers entrelacés, puis, par celle d'un
portelance solitaire et nu devant lequel le héros, fasciné,
s'extasie longuement ; écire, chez Aquin, est le premier temps
d'une chute que le recours au Même ne résout pas.

Les signes chus

Chez Aquin, en définitive, raconter — s'aventurer dans un récit — compromet le sens symbolique et transcendant que l'écrivain concède d'emblée à sa parole — puisque, au même titre que Paracelse, Beausang ou Balzac, il écrit — et ouvre l'espace de l'inédit, du non-encore-écrit, vers le bas, vers le monde. L'étrange, assurément, n'est pas là ; le geste d'Adam vers la pomme interdite, ce premier geste d'autorité humaine, était à sa manière une prise de parole, un premier mot qui gâchait tout et que les Écritures, par la suite, ont tenté de racheter. L'autorité irrévérencieuse d'Adam, celle de Tantale et celle des Titans ébranlent d'un seul mot l'univers sacré du symbole, ouvrent son espace mythique aux regards impies des hommes et consacrent peu à peu dans la littérature — dans ce qui devint littérature — l'ère de la quête et de l'errance. Écrire, cela n'est pas nouveau, est le commencement du voyage, le début de la marche (heureuse, malheureuse) des hommes dans le monde infini des signes. Certains, tant bien que mal, s'y acclimatent ; ils inventent toutes sortes de boussoles, de sextants et d'astrolabes : ils reviennent à Ithaque, ils traversent Brocéliande... D'autres cependant, comme Sisyphe, Ixion, Icare, ne se consolent pas d'être nés à l'existence terrestre et cherchent, désespérément, à reprendre aux dieux une part de leur souveraineté perdue, à retourner le signe *humain* de la pensée (figurine, mot, outil) vers la plénitude sereine du symbole : vers cette puissance silencieuse et sacrée que des mots imparfaits n'auraient pas encore dégradée. Le symbole disposerait en quelque sorte, par rapport au signe, d'une existence préalable. Son sens ne serait pas encore engagé dans un système de fonctions, asservi par l'homme à quelque valeur restreinte, pratique... Le symbole, contrairement au signe, n'aurait donc pas d'épaisseur matérielle, il échapperait au découpage du sens utilitaire pour garder intact, au sein d'une réserve silencieuse, son pouvoir de signi-

75

fier. Le symbole ouvrirait vers l'infini, désignerait le divin ; le signe, lui, donnerait plutôt sur le monde et le livrerait, par le biais d'un langage résolument fonctionnel, au déchiffrement de ses valeurs.

Or, dès qu'il y a langage, sitôt que des voix humaines *articulent* leur désir de parler dans le sens absolu du symbole et d'éprouver au sein de son infinie signifiance un pouvoir de connaissance semblable à celui des dieux, le projet même de cette réintégration prend l'allure d'une ambition sacrilège, maudite ; et le récit qui la prend en charge traduit cette malédiction dans son propre langage, sa propre narration [1]... Raconter, dans ce sens, est fatal :

N'oublions pas, après tout, que si Oedipe peut faire ce que chacun, dit-on, ne fait que désirer, c'est parce qu'un oracle a *raconté* **d'avance qu'il tuerait un jour son père et épouserait sa mère : sans oracle, pas d'exil, donc pas d'incognito, pas de parricide et pas d'inceste** [2].

Le récit, effectivement, porte en lui-même une faille qui le perd, un piège que la narration tout entière se prend à reconstituer ; il mime ainsi sa recherche aussi bien que sa malédiction, celle-là même qui le voue (pour avoir voulu autarciquement accéder à sa propre essence et être soi-

---

1. Dans le langage, en effet (dans son croisement de valeurs, d'échanges et d'usages humains), le concept de symbole devient quelque chose d'assez insaisissable, une donnée qualitative qui n'entre absolument plus dans le système des signes. Quelques codes parallèles de langage présentent évidemment (comme la religion, la finance) une certaine pensée symbolique ; mais ce qu'on a convenu là d'appeler des symboles (l'hostie, le dollar) n'échappe tout de même pas à l'univers du signe, à sa *serviabilité*. Le papier-monnaie, représentation d'une parcelle d'or, sert à *obtenir*, et le pain eucharistique, désormais Sainte Espèce, à *devenir* ; ces objets eux-mêmes sont des phénomènes langagiers, des éléments récupérables, par conséquent, pour l'univers humain. Le rapprochement signe/langage et symbole/silence ne nous laisse plus, pour désigner (mais contradictoirement !) le symbole, que la possibilité d'évoquer le récit mythique, situé à la frontière même de ce passage entre l'essence et l'emploi d'une chose. Les récits mythiques de l'utilisation du feu, des plantes, etc. racontent bel et bien comment (dans quelles circonstances et à quelles *fins*) les signes ont été dégagés de l'univers lointain des dieux.
2. G. Genette, *Figures III*, Paris, Seuil, 1972, p. 251.

même symbole, totalité) à la disparition et au recommence-ment.

Mais ce faisant, l'écriture interroge le temps ; elle secoue l'arbre aux symboles et affronte une nouvelle fois les dieux. Elle cherche, en quelque sorte, à franchir le secret de son origine, à repasser par le mythe — par *son* mythe — pour revenir au divin. « Qui sommes-nous, d'où venons-nous, où allons-nous ? » — Nous sommes langage, signes issus du symbole et désirant y retourner, fragments égarés d'une totalité défaite. Nous voulons cesser d'être des créatures pour devenir nous-mêmes des créateurs, cesser de *désigner* Dieu et passer à jamais de l'autre côté du monde, disposer enfin de notre règne sans avoir interminablement besoin de nous le formuler.

Cette fin, pourtant, n'est pas proche ; elle n'a pas lieu. Depuis toujours, les paroles des hommes continuent de se mesurer aux dieux sans pouvoir échapper, sitôt qu'elles menacent leur autorité, au pouvoir censorial d'une narration qui rejoue constamment le premier acte du destin humain : celui de la chute. L'histoire d'Adam et Ève, celle de Prométhée ne sont pas simplement toutefois le récit d'un vol et de ses suites ; elles *sont* le crime même. Leur premier mot pose déjà ce geste interdit (cette usurpation des symboles et leur passage dégradant à l'état de choses utiles, assujetties aux besoins humains : la pomme qui devient mangeable, le feu qui devient maîtrisable...) qui procède chez l'homme d'un désir coupable d'autorité, que la narration dès lors s'emploie à racheter sans y parvenir jamais. La parole des écrivains, un peu comme l'Écriture biblique, vise une certaine rédemption, mais contrairement à elle, s'attache en cours de route à sa malédiction. Tout récit raconte un épisode de cette longue marche des hommes parmi les signes, tout récit — il semble bien que ce soit en ce sens qu'on ne cesse pas de le dire — se raconte lui-même. Et à mesure qu'il s'approche de sa formulation par excellence, de la parole d'or qui mettrait fin au voyage et qui lui ouvrirait « l'autre côté », il se dirige lentement vers sa disparition. Plus il avance, plus il hésite, et moins il consent à la mort des signes ; c'est là, devant cette mort qui s'ouvre en lui, qu'il s'abandonne à la chute d'Icare [3] — à son propre et nécessaire échec — qu'il refait les longs voyages d'Ulysse ou qu'il se condamne plus sèchement, à seule fin de ne pas disparaître, à la répétition interminable du geste qui l'a mené au seuil de sa perte. « Le langage, écrit Michel Foucault, sur la ligne de la mort, se réfléchit : il y rencontre un miroir ; et pour arrêter cette mort qui va l'arrêter, il n'a qu'un pouvoir : celui de faire naître en lui-même sa propre image dans un jeu de glaces qui, lui, n'a pas de limites [4] ».

L'écriture est chute et reprise infinie des actes qui ont conduit à elle ; le poème et le théâtre, le roman et l'essai, bref, tous les discours auxquels elle donne lieu rejouent cette histoire, sont cette histoire même. L'écriture affirme dans la littérature son intention de durer, elle transforme sa déception en chant, sa fin sans cesse prochaine en art, difficile équilibre entre la vie et la mort.

L'oeuvre romanesque d'Hubert Aquin, loin d'échapper à cette problématique, lui appartient au contraire d'une manière quasi totale. Cette oeuvre est tout entière errance, circulation tragique d'un langage qui cherche sans cesse en d'autres voix les mots de sa propre formulation. Que cette oeuvre soit complexe, qu'elle soit miroir, indécision, secret, labyrinthe, cela n'étonne pas et ne la distingue en rien d'une littérature qui s'est engagée — un peu partout dans le monde depuis la fin de la Deuxième Guerre mondiale — dans le sens explicite de sa propre recherche. L'étrange, encore une fois, n'est pas là. Ce qui ne manque pas, cependant, d'étonner,

---

3. Icare est lui aussi un voleur de feu, un usurpateur de symboles que son ascension amène trop près de l'univers silencieux du divin ; l'aventure d'Icare, si elle avait pu réussir, aurait retiré aux hommes la possibilité d'en entendre le récit, elle aurait annoncé, comme si Babel avait pu être achevée, la fin du monde des signes et le retour absolu de l'univers au symbole. C'est bien à cette *fin* que le récit d'Icare s'empêche lui-même de parvenir, c'est cette dissolution de la parole dans la plénitude divine qu'il cherche à éviter, en empêchant le héros de rejoindre le soleil — principe absolu des choses et symbole de la divinité. (Le terme védique « djas », signifiant « lumière, soleil », serait du reste à l'origine des mots Zeus, Dieu...)

4. M. Foucault, « Le langage à l'infini », dans *Tel quel*, no 15, Paris, 1963, p. 45.

78

c'est que dans ses croisements d'images et ses miroitements, *ce différeur*
l'oeuvre d'Aquin ne se développe pas comme espace mais
comme creux, faille, abîme. Le texte ne s'y épanouit jamais en
un univers « plein », comme dans le roman traditionnel ;
d'autre part il n'ouvre pas non plus, avec cette prétention un
peu naïve du *Nouveau Roman*, vers l'illustration quasi exclusive de son propre dispositif de production. « Coupé d'oxygène et de néant » (P.E. p. 15), il se situe plutôt à la limite
du dedans et du dehors, dont il reproduit en lui-même les
perspectives divergentes : une intrigue, toujours complexe, s'y
développe en même temps qu'une histoire d'écriture, et ces
deux histoires se renvoient ainsi des données dont l'entrecroi-
sement forme — faute de mieux — le texte du roman. Mais ce
tissu reste malgré tout sans épaisseur ; et les images qui s'y
superposent interminablement, au lieu de maintenir le dis- *très juste.*
cours au sein d'un univers qui — fût-il celui d'un miroitement
sans fin — *fonderait* la représentation, condamnent le texte à
n'être qu'un écran, un voile. Le texte romanesque, chez
Aquin, n'est jamais qu'un suaire destiné à recouvrir le corps
nu de Joan, une sorte de fascinant trompe-l'oeil déployé sur le
vide et dont chaque élément, vu du bon angle, contient au
creux de lui-même le rappel. Tout renvoie à ce creux de
l'image, comme à un manque originel et infiniment valorisé.

3

L'ANTIPHONAIRE

Cercles de la terreur

Enfin quelque chose de neuf, d'inattendu ! Une maison pour papillons, sans toit, sans murs, sans portes ni fenêtres. On aurait dit un sanctuaire. Les touristes faisaient la queue avec leurs appareils photographiques. Les papillons étaient blancs sur fond d'ouate. Il était midi.

(Roland Giguère, *Forêt vierge folle*, Montréal, l'Hexagone, 1978, p. 186.)

Dans cet esprit, mon ami inséra dans sa maison une juste quantité de dynamite pour la complètement dévisager. Sous l'aspect ruines, elle avait un cachet plus esthétique qu'il chérissait contre toute autre commodité.

(Hubert Aquin, « Tout est miroir », *le Quartier latin*, 1950.)

Noms maudits

Le travail de l'écrivain pourrait peut-être se définir, dans l'oeuvre d'Hubert Aquin, comme une sorte de hantise, une tentation trouble, plus précisément, vers ce confus murmure (parole et silence mêlés, antagonistes) que le voile des mots (« tissu d'art » (T.M. p. 55) du roman) n'arrive plus à couvrir... Écrire, chez Aquin, semble bien être en réalité le dernier palier d'une longue hésitation, d'un long débat intérieur entre le silence insupportable qui sauve tout et la parole difficile qui risque de tout changer : « il y a toujours, écrit Roland Giguère, dans la création comme dans toute aventure, une part d'incontrôlable [1] »...

Tout langage, effectivement, porte en soi le principe de sa découverte et de son étrangeté mêmes : un monde inconnu qui étonne, qui heurte profondément la conscience et dont l'artiste, héritier en cela de l'alchimiste, doit retrouver la formule. Mais *raconter* cette recherche, aborder *par le récit* cette connaissance exigeante du monde et du moi est peut-être le plus difficile ; car le récit doit *dessiner* devant lui son univers avant d'y circuler, il doit rendre visible, dans une certaine mesure, son propre labyrinthe, l'itinéraire de sa propre démarche. Au début de la nouvelle intitulée « Les fils de la Vierge », Julio Cortázar écrit :

Je sais que le plus difficile va être de trouver la bonne manière de raconter tout ça, mais je n'ai pas peur de me répéter. Ça va être difficile parce qu'on ne sait pas au juste qui raconte, si c'est moi ou bien ce qui est arrivé ou encore ce que je vois (...) ou bien si, tout simplement, je raconte une vérité qui n'est que ma vérité. Mais alors, ce ne sera la vérité que pour (...) cette envie de m'enfuir et d'en finir (...) [2].

---

1. R. Giguère, *Forêt vierge folle*, p. 98.
2. J. Cortázar, *les Armes secrètes*, p. 127.

83

Prendre la parole, c'est se soumettre à l'inconnu, risquer d'avoir peur, de repasser indéfiniment, pour cela, par les mêmes endroits, risquer le silence. Raconter ne délivre pas toujours de « ce chatouillement désagréable au creux de l'estomac [3] » ; le récit ne fait bien souvent que mener au seuil de sa propre disparition, s'obligeant par là à la perpétuation, sinon au silence. La narration est un affrontement agité du monde et de l'Autre, d'un inconnu dont elle ne peut impunément envisager la possibilité.

Chez Aquin cependant le récit lui-même s'annonce, paradoxalement — mais nous n'en sommes pas à ses premiers paradoxes — comme résistance à la parole, à une *certaine* parole :

Fermer les paupières, serrer les doigts sur le stylo, ne pas céder au mal, ne pas croire aux miracles, ni aux litanies que chaque nuit je profère sous le drap, ne pas invoquer ton nom, mon amour. Ne pas le dire tout haut, ne pas l'écrire sur ce papier, ne pas le chanter, ni le crier : le taire, et que mon coeur éclate ! (P.E. p. 15).

Pourquoi le narrateur de *Prochain épisode* résiste-t-il avec une telle énergie à ce nom fatal ? Parce que la profération du nom de l'Autre — qui n'est jamais qu'esquissée, dans ce livre, par la mention de l'initiale K — équivaut ni plus ni moins dans le récit au regard d'Orphée [4] ; ce nom, s'il pouvait être complété, établirait en effet entre le narrateur et cette mystérieuse femme l'espace d'une différenciation définitive, un écart que le héros lui-même ne pourrait plus combler qu'en triomphant, non moins décisivement, de H. de Heutz, du réel terrifiant dans lequel il évolue, et par là de la nécessité même de se réfugier dans l'équivoque du roman.

---

3. *Ibid.*

4. Dès qu'il y a *écriture*, en fait, dès que le discours retourne la face impure des signes vers K (symbole de « l'interlocutrice absolue » — P.E. p. 70), le sort d'Eurydice est immédiatement rappelé : « À force de t'écrire, je vais te toucher ombre noire, noire magie, amour. (...) Ce soir même, à quelques lieues de l'hôtel de la Paix, siège social du FLN, à quelques pas de la prison de Montréal, siège obscur du FLQ, je frôle ton corps brûlant et je le perds aussitôt, je te reconstitue mais les mots me manquent » (P.E. p. 20).

Mais le nom n'est pas proféré ; il n'est qu'évoqué, ébauché. Il n'oblige pas le regard à se tourner vers le réel, à envisager l'affrontement fatal. Sa mention incomplète ne suffit pas à faire de K un être *différent*, un objet de désir distinct de l'univers intérieur du narrateur, qui ne peut plus alors — faute d'accéder au nom, à la différenciation — qu'éclater silencieusement en lui-même, s'enfoncer dans l'impuissance et dans le silence [5] : « Je respire par des poumons d'acier. Ce qui me vient du dehors est filtré, coupé d'oxygène et de néant (...) » (P.E. p. 15).

Les premières pages de *Trou de mémoire* présentent d'ailleurs le même problème ; le narrateur, qui s'est représenté en train d'écrire dès son entrée en scène, avoue tout de suite se méfier de sa volubilité : « L'important est de me taire. (...) Me taire, ah oui ! me taire à tout prix, car je profuse comme une grenade incendiaire, j'éclate de partout (...) » (T.M. p. 21). Mieux : celui qui écrit ces lignes n'a pu s'arracher au silence qu'avec l'aide d'une forte dose d'excitants : il n'a pu se résoudre de lui-même à la parole. Et même maintenant que les dragées de penthotal (sérum de vérité) lui ont permis de franchir le seuil de son impuissance silencieuse, il continue d'écrire pour résister à un aveu qui le perdrait, résister aux mots :

Pourvu que je ne parle pas, pourvu que je résiste... Parler me perdrait, car je finirais, chargé à bloc comme je le suis, par m'épancher en rafales et par raconter, n'y pouvant plus tenir, que j'ai tué. J'ai tué, oui ! (T.M. p. 21).

Le narrateur de *Prochain épisode* devait « serrer les doigts sur le stylo », celui de *Trou de mémoire* se « cramponne solidement à la feuille de papier » (T.M. p. 20) ; les conditions sont les mêmes : écrire est un rempart, un retranchement devant la parole terrible, celle qui mène à l'Autre, au monde, au nom.

---

5. On peut du reste remarquer que la résolution du narrateur de *Prochain épisode* (« ne pas le chanter, ni le crier : le taire, et que mon coeur éclate ! ») ressemble fort à celle d'Hamlet, dans la crise oedipienne qui l'oppose à son oncle, usurpateur de sa mère et meurtrier de son père : « Éclate, mon coeur, car ma bouche doit rester close » (Shakespeare, *la Tragique histoire d'Hamlet, prince du Danemark*, Paris, Gallimard, coll. La Pléiade, *Oeuvres complètes*, t. II, 1959, p. 621, trad. André Gide).

Il y a cependant entre les deux romans une différence importante : c'est que le narrateur de *Trou de mémoire* arrive, lui, à ce *nom* ; il arrive à cette claire désignation de l'Autre que *Prochain épisode* évitait, remettait à plus tard, et qui permettait au roman de survivre à la parole, de durer. Dans *Trou de mémoire*, en effet, « Joan » est interminablement décrite, rappelée, nommée ; cette belle Anglaise blonde, qui n'est pas sans ressemblance avec K, est de toute évidence « l'interlocutrice absolue » de ce livre... Mais elle est morte. Avant même que le roman ne commence. *Et c'est sa mort même qui rend ici possible l'écriture, la dénomination, le récit.* Joan peut alors être évoquée, citée, appelée mille fois, elle ne se distingue plus du monde intérieur du narrateur ; elle fait en quelque sorte partie des Enfers, comme Eurydice qui doublait délicatement la silhouette de K dans *Prochain épisode*, et n'oblige plus celui qui écrit à risquer le rapport à l'Autre, l'affrontement du monde, la relation objectale. La disparition de Joan permet l'accès à la parole, dont elle désamorce le lien avec l'univers extérieur ; cette « mort de l'objet » lui permet d'être désignée sans risque, d'un désir teinté de remords qui n'est que la version négative du désir vivant et coupable du narrateur, de ce désir qui est la cause même du meurtre de Joan :

J'ai tué Joan ; je l'ai bel et bien tuée avec une préméditation proportionnelle au désir qui me hantait, juste avant de perforer la grille humide de son ventre. Meurtre qualifié par le désir qui l'a honteusement précédé... Joan ! (T.M. p. 29).

Ce meurtre de l'amante est en réalité celui de l'écriture : écrire, dans *Prochain épisode*, se conjuguait encore au futur ; mais ici, ce geste est entièrement tourné vers le passé, vers une suppression de l'objet qui ne suffit pas à enrayer le désir d'aimer, le désir d'écrire et le désir du corps, et qui oriente tout vers la mort. Entre ces deux romans, un changement radical de perspective est donc intervenu : le narrateur de *Prochain épisode*, en effet, se destinait à un avenir qui dépassait l'écriture et qui faisait brusquement irruption, on s'en souvient, dans l'histoire ; celui de *Trou de mémoire* exerce au contraire son destin, comme une profession, depuis le passé récent d'une mort qui désamorce l'écriture et le préserve de l'inconnu. Écrire, dans ce roman, ne commence plus vraiment ; bien sûr, *Trou de mémoire*, comme *Prochain épisode*, développe une intrigue qui assure l'existence du roman et qui témoigne de ses significations ; mais cette attestation du discours reste sans consistance : « La prose du récit est sans profondeur, mais non sans pli. Elle a l'épaisseur d'un voile (...) » (T.M. p. 145). L'écriture devient ici un art de la dissimulation, un suaire tendu au-dessus du creux de l'inspiration ; la mort de Joan, chez Aquin, prend alors une importance capitale. Elle sape à jamais le sens de l'écriture, elle lui enlève sa vraie raison d'être, la protège de la terreur de sa propre voix. *Trou de mémoire*, sous l'apparence d'un « vrai » roman, est en réalité un livre dont le narrateur n'a plus rien à dire. Aquin le reconnaissait lui-même et s'en était ouvert à quelques amis : après *Prochain épisode*, tout était déjà dit, et ne pouvait qu'être répété, c'est-à-dire à la fois avoué et celé désormais dans les figures énigmatiques du discours. Les romans qui suivent *Prochain épisode* sont tous des métaphores, des anamorphoses plus ou moins compliquées de l'échec que ce premier livre pouvait encore éviter, mais qui s'ouvre, irrémédiablement, au fond de *Trou de mémoire*. L'écriture désormais est bel et bien un voile, un tissu d'art déployé au-dessus d'un étrange désarroi de la parole. Le narrateur du second roman d'Aquin, comme celui (celle) de *l'Antiphonaire* et comme le curieux narrateur-scénariste de *Neige noire*, écrit pour ne pas parler, pour couvrir la vraie voix de l'écrivain, asservie successivement à celles de Holbein, de Beausang et de Shakespeare.

L'écriture d'Aquin, après *Prochain épisode*, est en quelque sorte une écriture fausse ; faute d'accéder vraiment à l'art, à la littérature, au moyen d'un langage souverain, celle-ci subit en effet la terreur, la fascination de l'indicible : « Je viens d'expérimenter moi-même (...) l'inefficacité du doping incantoire contre la chienne indécente et nue, cette peur inavouable qui fait trembler » (T.M. p. 32). Cette écriture est en déroute devant le réel, qu'elle masque d'un écran où se projette l'image d'un art *imité*, qui trouve ses significations dans ses ressemblances, et non dans son identité. Les relations avec le monde, avec le nom, se trouvent du même côté de l'indicible ; celui de la différenciation, celui qui oblige le narrateur à prendre la parole en son nom propre, pour parler à une personne distincte de lui-même, une personne *autre*. Cette altérité, chez Aquin, s'énonce d'emblée comme un principe de mort : Joan meurt d'avoir été nommée au début de *Trou de mémoire*, elle meurt de la présence encombrante de ce nom dont K avait été préservée et que le narrateur ne peut ici proférer qu'après la mort de son amante. Le nom de Joan est ce cadavre qui hante sans cesse Magnant et qui le force à se souvenir, non à être ; on doit du reste remarquer que Magnant lui-même, dont l'identité et les exploits s'avèrent bientôt indéfendables devant la justice, devant la société et devant Rachel Ruskin, change de nom. Il devient l'éditeur Charles-Édouard Mullahy et peut continuer à vivre un certain temps sous le couvert de ce pseudonyme. Mais il se tue dès qu'il est démasqué, c'est-à-dire condamné à son propre nom. *Trou de mémoire* est le livre du remords et de l'identité mortelle. Il marque, par rapport à *Prochain épisode*, le point où l'écriture d'Aquin se détourne du monde et de soi, le moment où elle se désintéresse du pouvoir différenciateur de l'art pour s'enfoncer dans une sorte de maquis ; celui des ressemblances secrètes qu'elle entretient avec les figures de Shakespeare, de Paracelse ou de la Bible, qu'elle imite et déforme à la fois. L'art pour l'art ? Sûrement pas ; plutôt l'art contre l'art, l'art contre soi. Les miroirs de Van Eyck et Vélasquez, chez Aquin, sont déformants.

C'est avec *l'Antiphonaire*, cependant, que le discours romanesque d'Aquin disparaît vraiment de la « circulation », qu'il effectue devant le réel son renversement définitif. Ce livre ne marque pas simplement, comme *Trou de mémoire*, ce que l'on pourrait appeler une dégradation de l'univers romanesque ; au delà du blasphème et de l'imprécation, au delà de la résistance impuissante, *l'Antiphonaire* semble basculer pour de bon dans un imaginaire ambigu et maudit. Par un renversement majeur de perspective, le troisième roman d'Aquin se situe en quelque sorte déjà de « l'autre côté », dans cet univers du négatif, du sacré diabolique et du miroir qui trouvera sa dernière expression — pas nécessairement sa meilleure — avec *Neige noire*.

On remarque d'abord que c'est une femme, Christine, qui assure la narration de *l'Antiphonaire*. Or, celle-ci, l'épouse d'un épileptique nommé Jean-William Forestier, possède un droit de parole beaucoup moins contesté, apparemment, que celui des narrateurs masculins des deux romans précédents ; Christine, contrairement à K et à Joan Ruskin, peut effectivement exister, vivre et être *nommée* sans risque, puisque c'est elle-même qui écrit ce livre : le difficile rapport à l'Autre, le rapport à la femme qui informe la thématique et les conflits de *Prochain épisode* et de *Trou de mémoire* est ici évité, ou plus exactement, contourné. Il cesse, semble-t-il, d'être problématique, puisque la femme n'y est plus l'Autre, mais la Même ; c'est elle qui détient le pouvoir de la parole, elle qui écrit au long des pages du roman sa propre identité et qui dispose par conséquent de sa propre vie. Tout son discours paraît alors évoluer, jusqu'à un certain point, en dehors du problème de la différenciation ; Christine n'a pas à être Autre pour arriver jusqu'à la femme, puisqu'elle est femme elle-même. Apparemment, la faille ordinaire de la relation objectale ne s'ouvre pas devant Christine, et ne défie pas son identité, qui cesse par le fait même d'être principe de mort. Christine ne meurt pas immédiatement d'être Christine...

Elle en souffre beaucoup, cependant. Car même si cette femme jouit dans *l'Antiphonaire* du pouvoir quasi exclusif de la parole, elle ne cesse pas pour autant d'être engagée, sollicitée par diverses formes de relation à l'Autre. La seule différence ici est que cela n'empêche pas Christine d'écrire. L'identité de la jeune femme est une espèce de château fort, une sorte de refuge où l'image de la femme devrait être préservée, dispensée des relations dégradantes de Joan avec un narrateur meurtrier, assassin du seul fait qu'il est Autre et que c'est lui qui raconte, lui qui exerce le pouvoir de la narration. Certes, les premières pages du texte de Christine ne sont pas exemptes des hésitations, des incertitudes et des désenchantements un peu compassés auxquels les romans antérieurs nous ont habitués. Mais la narratrice de *l'Antiphonaire* ne résiste pas autant que ceux des deux autres livres à l'écriture, elle ne paraît pas se refuser comme eux à sa propre histoire :

Ici débute le livre que j'ai constitué à même les documents et les pièces diverses de ce dossier. Sans titre, sans logique interne, sans contenu, sans autre charme que celui de la vérité désordonnée, ce livre est composé en forme d'aura épileptique : il contient l'accumulation apparemment inoffensive de toute une série d'événements et de chocs, le résultat du mal de vivre et aussi sa manifestation implacable (A. p. 17).
Ce livre que je commence doit, partiellement au moins, révéler celle qui le compose (A. p. 22).

Tout semble, dès le départ, concerté ; l'écriture est déjà lancée, presque sans hésitation, sur une voie qui mène rapidement à la présence implacable du haut mal, l'épilepsie de Jean-William Forestier. Cela, du reste, était prévu, annoncé dès le début du roman par ce texte impersonnel, dont personne ne réclame la propriété mais qui encadre tout le livre comme une fatalité, une inéluctable nécessité de la parole, aussi foudroyante qu'une terrible maladie :

Rien ne peut conserver ce caractère aussi imprévisible dans son déroulement. Flaubert l'a dit. D'autres, dont Mahomet et sans doute saint Paul, ont été aussi frappés de la puissance affreuse de cet événement classé maintenant sous le nom étrange d'aura (A. p. 9).

Christine peut bien alors, au chapitre suivant, prendre la parole ; le pouvoir qu'elle exerce — et qui est, comme l'instance narrative qu'elle représente, limité au Même, c'est-à-dire à sa propre personne — restera soumis à la puissance sourde et incontrôlable de l'épilepsie. L'écriture est le haut mal du roman ; elle a déjà basculé, sous les apparences inoffensives du discours de Christine, de « l'autre côté », et va développer lentement, à travers les crises de Jean-William, l'enfer de Christine à San Diego et celui de Renata Belmissieri à Chivasso, celui d'Antonella Chigi à Genève, sa figure satanique. Écrire est une maladie.

Il faut bien constater, d'ailleurs, que la situation de Christine se dégrade au fur et à mesure que l'écriture évolue. Au début du roman, cette femme que son identité n'empêche apparemment pas d'écrire rédige son texte avec une relative aisance : « je me meus doucement ; je compose ce livre calme-

90

ment, froidement, sans hallucinogène pour me stimuler, sans espoir pour m'égarer (...) » (A. p. 18). Christine écrit à San Diego, dans la chambre qu'elle partage avec Jean-William, en proie à un début de crise d'épilepsie ; mais les symptômes dont souffre son mari la laissent assez indifférente. Elle s'abstrait même volontiers de sa présence à ses côtés pour retourner à ses souvenirs et esquisser par une sorte d'évocation de sa vie antérieure tout l'espace du roman :

Je me meus sans émotion dans un espace-temps dont les frontières sont difficiles à discerner : bien sûr, il y a d'abord ce lit du Motel Hillcrest à San Diego, mais je suis encline à ne plus m'y voir auprès de Jean-William qui continue son épisode épileptiforme sans moi, puis Montréal sort de la brume (...) Montréal où j'ai vécu trop longtemps et trop mal, puis Bâle où Jules-César Beausang, disciple de Paracelse, vécut en exil, puis Turin, puis Chivasso, sur les bords de la Sesia (...) Et ne parlons pas des autres villes où je suis brûlée vive : Novara, Toulouse, Asbestos, Drummondville, Neuchâtel, Genève, Rolle, autant de noms sans histoire, autant de pièces mystérieuses du casse-tête géant que j'aime faire en silence et loin, oh loin des lits où de pauvres malades subissent les premières secousses annonciatrices de la phase clonique de la crise ! (A. p. 17-18).

C'est ainsi que l'on apprend, peu à peu, que Christine préparait jusqu'à tout dernièrement une thèse de doctorat sur « La science médicale au XVIe siècle » ; son projet de recherches, fort ambitieux, présente cependant une étrange particularité : l'attention de Christine y est en effet entièrement captivée, aimantée par la vie et l'oeuvre d'un alchimiste-médecin suisse, Jules-César Beausang, disciple de Paracelse. Cette fascination — non seulement pour l'homme, mais encore pour toute son époque — prend rapidement des proportions imposantes ; si bien que Christine, aspirée par cet univers qui n'est pas le sien, finit par prolonger jusqu'en lui sa propre existence : « ma veine cave inférieure a débordé dans la Sesia, puis est devenue un affluent du Ticino qui, après avoir traversé Piacenza, Cremona, Ferrara, se jette sans mesure dans l'Adriatique de Galien » (A. p. 18). Même après avoir abandonné ses travaux de rédaction, Christine, rêveuse dans ce motel de San Diego, reste incapable de s'arracher à sa fascination. L'osmose persiste ; la contamination des théories scientifiques annonce la fusion des univers de la fiction : « je rêvais, j'affabulais légèrement selon un mode dépresseur : je me retrouvais à Bâle dans la peau de Jules-César Beausang (...) » (A. p. 21).

Il apparaît donc progressivement, malgré tout, que l'identité de Christine n'est pas si solidement assurée ; le fait que ce soit une femme qui écrit ce texte n'élimine pas la question du rapport à l'Autre ; cela ne fait que la retarder, inverser pour un certain temps le problème. Car Christine n'échappe pas, c'est bien évident, à la fascination du narrateur de *Prochain épisode* pour H. de Heutz et pour K, ni à celle de P.X. Magnant pour la toile d'Holbein et pour Joan... Le fait qu'elle soit pour Jean-William un objet de désir tout à fait comparable à Joan (pour Magnant) n'aurait en fait rien d'exceptionnel si Christine ne détenait pas, dans *l'Antiphonaire*, le pouvoir de la parole ; son rôle de narratrice lui permet ici de *renverser* le rapport habituel qui s'établit chez Aquin entre l'écriture et l'Autre (rapport du narrateur à ses « victimes ») et de se soustraire pour un temps au mauvais sort des femmes dans l'univers romanesque d'après *Prochain épisode*. Ce renversement des pouvoirs donne d'abord le dessus à Christine. C'est elle qui écrit, elle qui détient « calmement, froidement, sans hallucinogène » une autorité que le rapport à l'Autre ne vient pas ébranler : Jean-William, personnage malade, violent et instable comme tous les narrateurs des romans d'Aquin, est ici privé de toute puissance. Il est doublement possédé : d'abord par la narration que Christine assume (et qui la soustrait dès lors à la violence de son mari — mais mal, on le verra), et ensuite, au sens démoniaque, par le haut mal et les crises terribles qui le brisent. Le personnage cruel, le meurtrier sadique de *Trou de mémoire* serait donc devenu, dans *l'Antiphonaire*, assez inoffensif ; mais curieusement, par le seul fait qu'elle écrit, Christine perd peu à peu son immunité. L'écriture, insensiblement, la rapproche du rayon d'action (pourtant limité) de Jean-William, la ramène à portée de sa violence captive...

Le texte de Christine, « composé en forme d'aura épileptique », entre ainsi lentement dans l'aire d'une soumission qu'il semblait éviter au début, mais que la narratrice, elle, entrevoyait déjà. L'épouse de Jean-William, dès les premières pages, prédit infailliblement son propre avenir et le conçoit comme chute, non comme libération :

Je cherche à composer ce livre comme un recueil d'illustrations — mais toutes ces illustrations ne représentent qu'une seule et même crise étrange, multiforme, gracieuse au début, spectrale dans sa progression, macabre en fin de compte, qui épuise Jean-William et qui m'épuise tandis que j'observe son dérèglement (A. p. 18).

Malgré le bâillonnement de Jean-William, malgré la fiction qui se développe en des espaces, en des lieux lointains et diffractés, Christine n'échappera pas, cela est clairement énoncé, au pouvoir de l'écriture. Que ce soit Eurydice qui ait la parole, le pouvoir du chant, dans *l'Antiphonaire*, ne change donc rien ; elle n'échappe pas au regard d'Orphée, et c'est toujours le même espace de mort qui s'ouvre au-dessous d'elle. Pourquoi ?

Essentiellement, parce que le fait d'être la narratrice du roman et de pouvoir, par conséquent, introduire dans son récit un nom — le sien — qui n'implique pas à priori de *différenciation*, ne procure pas pour autant à Christine une identité suffisamment ferme. Être femme, c'est-à-dire être dispensée d'éprouver dans son écriture la distance et la différence de la femme en tant qu'objet de désir, ne lui procure absolument pas en effet la pleine mesure du moi. Cette femme-épouse n'en continue pas moins d'être l'Autre de quelqu'un, l'Autre, en l'occurrence, de ce Jean-William qu'une double possession aliène ; ce n'est qu'un renversement, il ne faut pas l'oublier, une sorte de négatif du jeu habituel de l'écriture romanesque d'Aquin, qui accorde ici la parole à Christine. Pour le reste, rien n'est changé. Celle-ci porte au fond d'elle-même ce vide commun à tous les narrateurs aquiniens, et son texte, comme ceux de Magnant et de l'espion de *Prochain épisode*, s'insinue dans une faille de sa propre existence, une brèche qu'il faut couvrir de paroles et d'érudition. En parlant de sa thèse inachevée, Christine avoue : « ma passion pour les théories pomponaciennes dissimulait mal la prédilection marquée que

93

j'avais pour tout ce qui pouvait m'occuper et m'éloigner de ma propre vie ratée » (A. p. 19).

Mais la thèse manquée n'est qu'un épisode antérieur, un simple symptôme de la crise scripturaire dans laquelle elle se prépare à plonger. Très vite, en effet, l'échec personnel de Christine, dans son travail et dans sa vie, l'amène à s'abandonner à l'écriture, à cette rêverie risquée au cours de laquelle elle se donne, comme autant de preuves de sa propre existence, des soeurs et des doubles lointains. Les multiples versions de l'histoire de Christine, d'Antonella, de Renata et de Suzanne (qui apparaît plus tard dans le roman) commencent ainsi à se répondre et à se mêler, à se disjoindre et à se superposer ; c'est le croisement de toutes ces voix qui crée peu à peu, à la manière des univers dédoublés de tous les autres romans d'Aquin, la texture du récit, son chant antiphonique.

Or, que cherche Christine, que cherchent Magnant, Olympe Ghezzo-Quénum et les autres dans *Trou de mémoire*, que cherchent encore l'espion malheureux de *Prochain épisode* et le narrateur de *Neige noire* ? Chacun de ces narrateurs-héros cherche dans ses doubles une ressemblance avec lui-même, une confirmation de son identité. Le miroir, dans l'écriture d'Aquin, est constamment mis à contribution parce qu'il est seul à pouvoir attester l'existence des héros de roman, seul à pouvoir capter en un point quelconque de l'univers romanesque le sens d'une identité avec laquelle, seul toujours, il peut correspondre. Le miroir déroule devant l'être l'espoir de sa propre fiction, il ouvre devant lui cet espace où son propre regard enfin va pouvoir le saisir et tout ramener à soi.

Après avoir délaissé sa thèse, Christine Forestier continue de voyager dans l'univers que sa recherche doctorale lui a révélé et d'y puiser d'innombrables correspondances qu'elle ramène inlassablement à elle, dans un motel de San Diego, dans son appartement de Montréal, dans un hôtel des Cantons de l'Est, et vice versa. Les multiples versions de son visage, au fur et à mesure que le roman avance, sont longuement, intensément contemplées : — Est-ce bien moi ? — Oui, sans cesse : « Oh pauvre moi, pauvre Christine, pauvre Renata (...) » (A. p. 65). L'existence de Christine s'allonge interminablement vers ce qui lui ressemble, et qui n'est jamais elle. Son identité, mille fois reflétée alors qu'elle s'avance dans son récit, semble ne jamais s'affermir. Au contraire, plus l'écriture progresse, plus elle se lézarde ; le visage de Christine se morcelle, se décompose dans un lent scintillement d'images. Peu à peu, le vrai sens de son entreprise se dévoile et la prophétie exprimée au début du texte pèse lourdement : « ce livre que je commence, avait dit Christine, doit, partiellement au moins, révéler celle qui le compose » (A. p. 22)...

Or, la révélation passe par l'écriture, et l'écriture, facteur d'identification et de différenciation, mène à la mort. C'est parce qu'elle ne se connaît pas encore que Christine peut commencer à écrire. C'est parce qu'elle ignore sa propre et profonde altérité qu'elle occupe, au début du roman, ce poste élevé d'où elle peut observer sans émotion les crises terribles de son mari. Mais dès qu'elle s'engage dans l'écriture, elle commence insensiblement à se rapprocher de Jean-William et de la maladie atroce qui le secoue ; elle entre, littéralement, dans une zone de malédiction. Et ce qui finit par se révéler à elle, tragiquement, c'est bel et bien son *absence* d'identité : une nuit, alors qu'elle commençait à peine à rédiger son texte, Jean-William, en pleine crise, s'est levé comme fou et s'est mis à frapper sauvagement Christine au visage, aux côtes, partout ; il l'aurait tuée si elle n'avait pu, malgré ses blessures, se sauver. Mais ce n'était qu'un début ; un peu plus tard, dans une pharmacie où elle allait chercher des médicaments et des pansements, elle est droguée, violée et finalement enfermée jusqu'au lendemain. Des miroirs, autour d'elle, lui renvoient sa propre image, à laquelle elle se heurte avec horreur, se reconnaissant à peine ; une certaine distance s'établit lentement, alors qu'elle se découvre :

Vous la voyez : c'est la pauvre Christine, moi, qui se barbouille le visage comme le font les boxeurs. Et j'en parle à la troisième personne (en me surprenant de le faire — naturellement peut-être...), parce que cette pauvre chienne c'est moi, Christine, médecin pour les pauvres, battue et rebattue par son mari, violée au passage par un pharmacien élégant, humiliée comme cela n'est pas possible (...) (A. p. 71).

Écrire a défiguré Christine et l'a entraînée à l'intérieur du cercle d'une possession violente dont elle ne se défera plus et dont ses doubles mêmes souffriront avec elle : l'épouse de Jean-William sera ainsi successivement violentée par son mari, par un pharmacien de San Diego, par son amant Robert Bernatchez et enfin, par le docteur Franconi ; Renata Belmissieri, quant à elle, sera violée par Carlo Zimara, puis par l'abbé Chigi, avant d'être injustement emprisonnée près de Turin ; et Antonella, enfin, l'épouse humiliée de Zimara, s'enfuira avec Chigi à Genève, où elle s'enlisera dans une complète déchéance.

Chose étonnante, malgré tous les méfaits qu'il commet (violences et menaces envers Christine, meurtre du pharmacien de San Diego, tentative d'assassinat de Robert Bernatchez, l'amant de sa femme), Jean-William court toujours. Christine ne peut se résoudre à le dénoncer d'elle-même à la police (elle ne le fera, en fait, que sous la menace d'une accusation de complicité). Jean-William, impuissant et muselé au début du roman, prend ainsi de plus en plus d'importance à mesure que Christine continue d'écrire son livre « composé en forme d'aura » ; l'écriture devient son mal comme l'épilepsie est le mal de Jean-William : toutes deux mènent à la crise, à l'aliénation violente par une force supérieure. Christine, parce qu'elle écrit, se met à la portée des coups, du pouvoir de son mari : écrire la fait entrer dans le périmètre de cette lucidité redoutable qui possède, bon gré mal gré, tous les narrateurs d'Aquin. Peu à peu, ses propres mots lui deviennent insupportables et lui permettent de moins en moins de garder la maîtrise de ce livre où son image se défait :

Je me sens très lourde et fatiguée, incapable, en fait, de continuer sainement ce livre dont la forme insensiblement se désintègre et m'échappe. Ce nombre incalculable de mots s'agglutinent en une poudrerie qui fait écran : je ne vois plus rien soudain, je suis aveuglée par les réfractions obliques de la lumière solaire. Tout est éblouissement dans cette nébuleuse qui m'entoure (...) (A. p. 185).

Le renversement d'identité auquel le début de son texte donnait lieu — et qui, en retour, donnait lieu au texte — se trouve en voie d'être neutralisé ; le rapport au Même qui maintenait l'immunité de Christine en face de Jean-William s'est effrité, la supercherie a été découverte. L'écriture l'a tardivement menée à reconnaître ce vide intérieur qui hante ordinairement d'entrée de jeu, chez Aquin, la narration :

Rien d'allégorique dans ce pauvre récit chargé — hélas — d'une minable vérité et d'une surdose de réalité écoeurante ! Rien, croyez-moi, qui puisse apparenter mon entreprise dérisoire à celle de Sidoine ou de Guillaume de Conches (...) (A. p. 204-205).

L'Antiphonaire revient ainsi sur les traces de *Prochain épisode* et de *Trou de mémoire*, la voix de Christine suppliant vainement, du fond d'une conscience de soi déchirée, d'accéder à l'*autorité* d'une vraie parole : « Mon Dieu, que je sois auteur, et que j'ajoute moi aussi quelque chose à l'objet que j'expose... ! Car je sais trop bien que mon récit ne signifie pas grand-chose, sinon rien ! » (A. p. 203).

Mais cela n'est plus possible. Après avoir été possédée (en même temps que ses doubles) de toutes les manières imaginables, Christine ne s'appartient plus elle-même ; écrire l'a menée dans le cercle d'une possession démoniaque où, depuis l'épisode du motel Hillcrest et du viol de San Diego, elle ne revient plus à elle tout à fait et se découvre avec horreur un autre visage. Et après avoir été finalement possédée par le docteur Franconi (alors qu'elle était enceinte du pharmacien de San Diego et que Robert, son amant blessé par Jean-William, reposait à l'hôpital dans un état critique, aux soins, justement, de Franconi — les maléfices se croisent), Christine semble franchir un seuil, passer à jamais de l'autre côté d'elle-même. Elle découvre, comme Joan Ruskin et comme Rachel dans son délire, le plaisir obscur d'être possédée, et sa honte se transforme épisodiquement en un irrésistible ravissement : « ce médecin allait atteindre sa jouissance presque en même temps que moi ! Vraiment, jamais, mais jamais, ce ne fut aussi intense, ni aussi hallucinant ! » (A. p. 200). Le double de Christine ici n'est plus Renata, mais Antonella, femme débauchée de l'imprimeur Zimara qu'elle a laissé, comme Christine a laissé Jean-William, pour fuir avec Chigi à Genève et y sombrer dans la prostitution et l'ivrognerie. Christine a honte, mais ne peut résister à la volupté terrible qui la sollicite, à deux pas de la chambre de Robert, dans les bras de Franconi. Tout se renverse, s'obscurcit ; elle entre dans la dernière phase de sa crise scripturaire, où elle découvre dans un éblouissement noir cette version sordide d'elle-même :

(...) belle, je suis laide paradoxalement (du moins en apparence) : dégradée, sordide, punie, déformée, sans aucune « consonantia », sans équilibre, je suis une pauvre femme avouant la relativité de l'amour humain — je dirais même : professant, par mes actes désordonnés, que ma turpitude me résume et me définit (A. p. 208).

Et plus loin :

Tout noircit... J'ai le sentiment que mes labiales s'enfoncent dans un épithalame ombrageux dont les divers personnages (Jean-William, Robert, le docteur Franconi, moi enfin...) sont revêtus de costumes de nuit (A. p. 209).

Ce que Christine découvre, à l'envers du monde et d'elle-même, c'est la malédiction de cette lucidité vers laquelle mène l'écriture ; écrire, on l'a vu, oblige à cette différenciation que le texte évite au début en cédant la parole à une femme, en accordant d'emblée la parole à cet « Autre » fermé sur lui-même. Christine peut ainsi, contrairement à Joan, à K, à Renata, écrire et continuer à vivre, assurer dans le monde la présence de son nom à elle... Pourtant, cette survivance se fonde davantage sur les ressemblances de cette femme (avec ses doubles baroques) que sur son identité réelle (sa « ressemblance » avec elle-même) ; celle-ci, en fait, s'avère incertaine à un point tel qu'à mesure qu'elle écrit, Christine se perd de vue : d'autres visages, d'autres noms (« pauvre Renata, pauvre Christine, pauvre Beausang » — A. p. 65) couvrent les siens. Son écriture, peu à peu, développe en elle cette lucidité mortelle des autres narrateurs aquiniens et la conduit comme eux à un atroce éblouissement ; Christine découvre lentement *qu'elle n'est pas elle-même* et que son nom de femme — qui en fait ne signifie plus rien — ne la protège plus.

L'écriture, principe redoutable d'identification (ou plutôt, de démystification) du moi, ne conduit donc pas ici mieux que dans les autres romans d'Aquin à la vraie différenciation ; elle s'échoue au contraire, comme Christine à Montréal, comme Antonella à Genève, dans l'altérité du moi, dans l'aliénation : « Je ne me connais plus ; je ne me reconnais plus (...) *Je suis devenue une autre* * ! » (A. p. 237)... Christine a atteint le terme de sa crise ; désormais, l'écriture est bel et bien ce haut mal qui la possède tout entière. Quelques lignes plus bas, en évoquant le début de la neuvième crise de Jean-William à San Diego (et aussi, indirectement, le début de son propre texte voué à la possession, « composé en forme d'aura épileptique »), elle avoue :

Plus ça va, plus je me dis que Jean-William m'a frappée avec violence parce qu'il me méprisait sans mesure soudain... À ses yeux, j'étais déjà une putain, une chienne, un être indigne de respect. Depuis — paradoxalement — je semble me conformer à cette image de moi (...) (A. p. 237).

Jean-William le savait, sa lucidité le possédait plus encore que sa maladie ; il était déjà, lui, ce que Christine allait devenir avec désespoir : un être de l'écriture, un être possédé par elle. Lorsque cela se produit, Christine subit effectivement le sort réservé à tous les principaux narrateurs des romans d'Aquin : l'enfermement dans l'écriture, l'impuissance du récit devant l'inavouable :

La réalité que je tente de m'approprier par les mots m'échappe et me fait défaut, je n'ai plus de prise sur elle et je me meus dans toutes les directions, comme si soudain un élément inavouable de ce que je raconte m'avait dépolarisée et confinée à (...) la simple tristesse (A. p. 220)...

Cet élément terrible, c'est tout simplement pour Christine la découverte du caractère incontournable de la relation à l'Autre ; l'épouse de Jean-William, malgré le renversement qui lui donnait d'abord la parole, ne s'appartient plus maintenant.

La supercherie n'a donc pas tenu : l'écrivain n'était pas une femme, et il est apparu peu à peu qu'il était plutôt caché (avec tout le pouvoir de l'écriture) quelque part entre Jean-William et Robert, entre Chigi et le docteur Franconi ; tout

* C'est moi qui souligne.

au long du roman, cette puissance occulte dépossède lentement la narratrice de l'immunité de son moi et la mène infailliblement à redevenir autre : l'Autre de Jean-William, l'Autre de l'écriture. Et lorsque Christine découvre cette aliénation, cette altérité mauvaise à laquelle écrire l'a rendue, elle subit précisément le sort des « Autres » : accéder à son identité maudite, fracturée, réelle et noircie devient pour elle principe de mort. « Ce livre (...) me tue » (A. p. 217). Christine, dès lors, ne se contrôle plus. Son affolante altérité a fait d'elle un être isolé, malade ; l'écriture l'a poussée jusqu'à la « ligne de mort », à l'orée de l'obscurité totale. La voici qui à son tour, comme le narrateur-espion de *Prochain épisode*, comme Magnant et Mullahy dans *Trou de mémoire*, désire passionnément s'abolir en l'Autre, l'absent, ne plus s'inscrire qu'en lui :

Jean-William me manque. Sérieusement et gravement, je ressens son absence comme une privation terrible ; pourtant, je sais bien qu'il m'a frappée, battue, affreusement traitée — mais puisque je ne méritais rien de mieux... Mon Dieu, je devrais taire en moi le désir impudique que j'éprouve pour Jean-William : vraiment intolérable, ce manque d'un corps merveilleux dont je connais l'infatigable ressort et la puissance ! (A. p. 241).

Cet éclatement dans le désir, comme un délire absolu, énonce sans appel la sentence de cette femme possédée et sa disparition finale dans l'écriture : « Mourons et entrons dans l'obscurité, a dit saint Bonaventure quelque part. Noire et douce « exhortatio » que je n'avais jamais comprise vraiment ! » (A. p. 242). Cette mort de Christine était absolument inévitable ; et désormais la fin du roman, la fin de l'écriture lui appartiennent entièrement ; écrire n'était qu'un apprentissage de la mort. « Le jour où elle apposait le dernier mot à ce livre, (Christine) s'est enlevée la vie » (A. p. 243)... Elle s'est tuée à l'hôpital du Sacré-Coeur, dans le bureau du docteur Franconi. L'enfant qu'elle portait est mort également et Jean-William, son mari, s'est suicidé dans sa voiture. Enfin, Robert, l'amant de Christine et l'époux infidèle de Suzanne, restera infirme et impuissant, probablement condamné à la chaise roulante ; il survit donc, mais horriblement diminué.

Celle qui nous apprend toutes ces choses, c'est justement son ex-épouse, Suzanne, que le docteur Franconi a recueillie chez lui lorsque Robert l'a quittée... Or, Franconi, après la mort de Christine, a mis la main sur son fameux manuscrit, qu'il a maladroitement conservé dans une mallette ; bien entendu, Suzanne l'y a rapidement découvert et a pu alors en prendre connaissance. Mais en le rangeant, elle le replace par erreur dans le mauvais compartiment de la mallette, qu'elle oublie en outre de refermer à clé. Le lendemain, lorsque Albert découvre que Suzanne sait tout, qu'elle a tout *lu* de ses aventures avec Christine et qu'elle n'ignore plus désormais l'imperfection, l'indignité — le vrai visage — de son être, il décide aussitôt de se tuer lui aussi. Il laisse cependant à sa compagne une note, où il écrit : « Je suis à jamais indigne — et je ne supporterai jamais ma propre indignité » (A. p. 250). L'accès à l'écriture, encore une fois, est le principe de découverte d'une identité *défectueuse* du moi, révélation de son insondable isolement, et par là, principe de mort ; le regard du texte dévoile et voue à la disparition. Dans le message d'Albert, « indigne » pourrait être remplacé par *reconnu*, et « indignité », par *identité*...

Suzanne reste donc seule en scène ; entre le suicide de Christine et celui de Franconi — entre deux écritures de mort — elle signe un court texte intitulé « Postface », qui se tient tout juste à la frontière du roman et n'y entre pas vraiment. La note qu'elle ajoute au manuscrit de Christine, à la page 243, n'est qu'un commentaire érigé aux confins du livre, un regard désengagé qui sert de trait d'union entre le lecteur et le récit. Suzanne assure ainsi le relais du texte, sa parole est transitoire ; elle n'y « reste » pas. Cette fonction (essentielle) pourrait, à la rigueur, accorder l'immunité à l'ex-épouse de Robert ; il faut bien que quelqu'un reste, comme RR dans *Trou de mémoire*, pour qu'à la fin le texte soit transmis. Mais quelque chose d'autre permet à Suzanne de survivre : c'est que son propre texte n'est pas *révélateur* en ce qui la concerne. L'identité de cette femme, en effet, reste creuse en dépit du prénom que nous lui connaissons ; elle reste constamment, à travers le récit de Christine, *la femme des autres* : celle de Robert d'abord, celle de Franconi ensuite, et enfin (au moment où, en écrivant son texte, elle signe l'arrêt de mort de son amant) celle de tout lecteur — celle de tous et de personne. « Suzanne B.-Franconi » (« B » pour Bernatchez, le nom de Robert), à la fin du roman, n'a pas besoin de mourir : elle existe à peine. Son identité parcellaire ne lui impose pas d'être différente, ne l'oblige pas à l'altérité mortelle de Christine et de Joan. En la quittant, le docteur Franconi — dont elle garde, faute de mieux, le patronyme — la voue effectivement, sans délicatesse aucune, à un isolement indifférencié et anonyme, devant un avenir bien hypothétique :

Je te laisse (ci-joint) un chèque qui représente tout ce que j'ai mis de côté ; j'espère que tu sauras profiter de cet argent pour refaire vraiment ta vie. Je t'embrasse.

> **Je pars avant que tu ne t'éveilles. Adieu.**
> **Albert**
> **(A. p. 250).**

Il est frappant de constater à quel point la situation de Suzanne ressemble, par ailleurs, à celle de Rachel Ruskin dans *Trou de mémoire*. Là encore, RR intervient à la toute fin du roman, après le suicide d'Olympe Ghezzo-Quénum et la mort suspecte (comme celle de Jean-William Forestier) de P.X. Magnant — alias Charles-Édouard Mullahy — dans un accident d'automobile ; la « Note finale » (T.M. p. 193) de Rachel, comme la Postface de Suzanne, s'insère à la limite du texte, à l'intérieur duquel elle n'est pas engagée réellement. Cela seul pourrait suffire, encore une fois, à assurer la survie du personnage ; il faut bien que quelqu'un transmette le texte, que quelqu'un échappe aux mortelles révélations de l'écriture... Mais il y a mieux : c'est que tout au long du roman, en effet, RR est à l'abri de son identité réelle. Seules ses initiales figurent, au bout des nombreuses notes en bas de page qui accompagnent, à partir de la page 43 [6], le développement du récit. Son accès à l'écriture a ainsi lieu dans

---

6. À la page 47, une note de l'éditeur renvoie, curieusement, au «chapitre étrange signé de la fausse RR (...) inséré dans le livre, voir : page 122 (...) ». Or, la page 122 est absolument blanche, comme s'il fallait encore davantage dépister le lecteur et empêcher le plus longtemps possible que la présence mystérieuse de RR prenne corps et s'inscrive dans le roman.

la clandestinité : RR, comme K, n'est pas *nommée*, et cette omission du nom lui est salutaire.

Après la mort de tous les autres personnages, cependant, RR avoue s'être rendue au bureau de « l'éditeur » (Magnant, alias Mullahy, récemment décédé) et y avoir trouvé, le 15 août 1967, le manuscrit de Magnant : « en quelque sorte, écrit-elle maintenant, je n'en suis pas revenue... Qu'on me pardonne d'avoir indiqué, tout au long du livre, que je lisais derrière votre épaule et d'avoir manifestement multiplié les notes infra-paginales signées RR. Bien sûr, tout cela paraît paradoxal : me voici, moi RR, dans le rôle de l'éditeur » (T.M. p. 201)... Pour s'être ainsi identifiée et nommée (quelques lignes plus haut, en effet, RR s'est enfin dévoilée : « Il faut bien le dire : c'est moi, Rachel Ruskin, qui écris ces mots... »), la soeur de Joan risque donc à son tour d'être aspirée par la spirale du roman ; la révélation de son vrai visage menace de la conduire, elle aussi, à la fatalité de l'écriture, et par là, au péril de la différenciation forcée, au nom qui tue. Mais grâce à l'absence des « Autres » du récit, le pire pourra être évité ; rapidement, du reste, Rachel entreprend de se dissimuler à nouveau. On ne sait jamais:

Comme l'a fait l'assassin de ma soeur et le père de mon enfant, je vais moi aussi changer de nom. Déjà, j'ai déclaré au médecin, l'autre jour, que je m'appelle Anne-Lise Jamieson (Jamieson : car mon père était Irlandais : cela explique tout, même l'accent que j'ai quand je parle français). Bien sûr, je n'ai pas encore dit que le père était Pierre X. Magnant... (T.M. p. 203).

Ce n'est donc pas un hasard si, quelques pages auparavant, Rachel avait évoqué la découverte du manuscrit de Magnant en précisant : « je n'en suis pas revenue » ; lire l'a arrachée peu à peu à son anonymat et attirée irrésistiblement vers l'écriture, vers l'exercice risqué de sa propre parole. Sa lecture l'a engagée dans un processus d'identification qui, en la menant à l'écriture, menait aussi RR à sa perte, c'est-à-dire à la découverte de la duplicité, de l'altérité tragique du moi, ce vide qui s'ouvre au milieu de l'être et qui le voue, comme Christine devant Jean-William et comme le lecteur lui-même devant le romancier, l'écrivain, à cesser d'être soi pour devenir interminablement l'Autre de quelqu'un [7]. Rachel l'écrit :

En lisant ce livre, je me suis transformée ; j'ai perdu mon ancienne identité et j'en suis venue à aimer celui qui, s'ennuyant follement de Joan, est venu jusqu'à Lagos pour en retrouver l'image — cherchant en vain l'éclat de sa chevelure dans mes cheveux (T.M. p. 203).

Mais Magnant, au moment où Rachel écrit ces lignes, est mort ; sa présence ne constitue plus, contrairement à celle de Jean-William Forestier pour Christine, une si grande menace, une telle obligation d'être soi, de soutenir sa véritable identité. Magnant est mort et, en outre, Rachel ne se souvient plus du « contact » qu'elle a eu avec lui à Ouchy, où elle a été épiée, surprise, puis violée et enfin brisée dans ses bras par le désir et la jouissance... Tout cela, Rachel le sait pour l'avoir *lu*, mais elle l'a oublié :

Oui, je sais maintenant qu'il m'a suivie de Lagos à Lausanne ; et je sais ce qu'il a fait quand il m'a surprise sous cette marquise à Ouchy — bien que je n'aie jamais réussi à m'en souvenir par moi-même. Mais j'ai lu le journal d'Olympe ; et je crois tout ce qu'il raconte et même ce que je lui aurais raconté mais dont le souvenir s'est volatilisé (T.M. p. 203).

Or, c'est précisément cet oubli, ce trou dans la mémoire de Rachel qui lui permet de survivre, d'échapper à sa profonde et mortelle identité et de *ne pas encore* s'enfoncer dans la littérature-possession (l'écriture-épilepsie et la lecture-viol) qui, dans *l'Antiphonaire*, perdra Christine. Rachel peut se renier impunément et ainsi échapper à l'infidélité tragique, quasi essentielle, qui définit les femmes dans les romans d'Aquin :

---

7. C'est bel et bien là la clé de la relation auteur/lecteur chez Aquin. La fascination consciente, et incroyablement cohérente, dont l'oeuvre du romancier est à la fois la victime et l'agent s'enracine dans ce désir de posséder le lecteur, de le renvoyer à une sorte d'indifférenciation passive devant le pouvoir tyranniquement viril et prédateur (mais seulement en principe) de l'écrivain : « L'autre, précise Aquin en parlant du lecteur, c'est d'abord un être dépourvu d'individuation, de différenciation sexuelle ou autre. C'est indifférencié ». (« Hubert Aquin et le jeu de l'écriture », interview réalisée par Anne Gagnon, *Voix et images*, vol. 1, no 1, sept. 1975, p. 9.)

« Je ne reconnais pas, écrit-elle en parlant du récit d'Olympe, cette fille éperdue » (T.M. p. 204).

La coupure était nécessaire ; elle établit ici, comme dans *Prochain épisode*, une sorte de pause entre le passé et l'avenir, et permet de reporter à plus tard l'accès à la vraie vie, à la plénitude de l'être *présent*. Ainsi, l'enfant que porte Rachel pourra recommencer, lui, à s'appeler Magnant, il sera heureux un jour, à condition bien sûr de ne jamais apprendre QUI il est — ce que son nom signifie réellement. C'est ce que dit Rachel à la fin du roman :

J'ai changé de nom, je porte un enfant qui s'appellera Magnant — et jusqu'au bout je l'espère, et sans avoir peur de son nom. Et je veux que mon enfant soit plus heureux que son père et qu'il n'apprenne jamais comment il a été conçu, ni mon ancien nom... [8] **(T.M. p. 204).**

Trou de mémoire, le deuxième roman d'Hubert Aquin, n'accède donc pas mieux que *Prochain épisode* à son autorité, à la dénomination ferme des choses de son univers. *Prochain épisode* renvoyait en effet au futur, au choc d'une bien improbable révolution l'événement absolu (politique, littéraire et amoureux) qui permettrait au narrateur de combler son vide historique et de fonder son discours en identité. *Trou de mémoire*, lui, à partir du meurtre de Joan, élabore dans la fureur une stylistique de transgression en dépit de laquelle, pourtant, Magnant reste incapable de se libérer d'une mort inscrite au fond de tous ses actes ; Rachel Ruskin elle-même enfin n'échappe pas, dans ce roman, à la terreur du nom, piège de la mémoire...

Toutes ces données ne changent guère, on le sait, dans *l'Antiphonaire* ; mais en quelque sorte, elles se renversent. Le jeu mortel des identités paraît un instant suspendu par ce croisement des voix qui accorde la parole à Christine, la narratrice du roman. Mais peu à peu, l'écriture agit ; elle semble reprendre lentement possession de Christine, s'emparer d'elle

---

8. Cela paraît tout de même un peu absurde ; dans la logique des choses, il y a gros à parier que cet enfant lira un jour le texte du très-célèbre-révolutionnaire-Magnant, qu'il pourra facilement effectuer les recoupements qui s'imposent et découvrir à son tour dans ce nom son malheureux destin...

à la manière d'une crise d'épilepsie et rétablir ainsi entre elle et Jean-William de redoutables relations de pouvoir ; Christine devient « autre » qu'elle-même : écrire, à la suite de Magnant, l'entraîne vers l'altérité aquinienne du moi, vers cette mort inévitable que l'écriture n'arrive pas à conjurer (comme le souhaitait le narrateur de *Prochain épisode*) ni même à recouvrir (ainsi que le voulait P.X. Magnant dans *Trou de mémoire*), mais qu'elle tend — à partir de ce renversement de la parole que trahit *l'Antiphonaire* — à sacraliser.

4

NEIGE NOIRE

Le monde béant

Longtemps (...) parler pour ne pas mourir a eu un sens qui nous est maintenant étranger. Parler du héros ou en héros, vouloir faire quelque chose comme une oeuvre, parler pour que les autres en parlent à l'infini, parler pour la « gloire » (...) c'est autrement dire que toute oeuvre était faite pour s'achever, pour se taire dans un silence où la Parole infinie allait reprendre sa souveraineté.

Écrire, de nos jours, s'est infiniment rapproché de sa source. C'est-à-dire de ce bruit inquiétant qui, au fond du langage, annonce, dès qu'on tend un peu l'oreille, contre qui on s'abrite et à quoi en même temps on s'adresse. Comme la bête de Kafka, le langage écoute maintenant au fond de son terrier ce bruit inévitable et croissant. Et pour s'en défendre il faut bien qu'il en suive les mouvements, qu'il se constitue son fidèle ennemi (...) Il faut parler sans cesse, aussi longtemps et aussi fort que ce bruit indéfini et assourdissant (...) pour qu'en mêlant sa voix à lui on parvienne sinon à le faire taire, sinon à le maîtriser, du moins à moduler son inutilité en ce murmure sans terme qu'on appelle littérature.

(Michel Foucault, « Le langage à l'infini », *Tel quel* no 15, 1963, p. 48.)

Tumulte

Qu'est-ce que *l'inavouable* ? Pourquoi ce silence sacré qui traverse l'écriture et la condamne tout ensemble à être et à ne pas être, à devenir infiniment ce qu'elle ne sera jamais ? Qu'est-ce que parler, qu'est-ce que le silence ?

Tout discours de la littérature dissimule en lui une part obscure de son existence, un silence qui n'est pas massif, ni lourd comme celui d'un désert, et qui ne va pas de soi. Un silence, plutôt, ciselé : quelque chose comme une falaise, une paroi autour de laquelle circulent des échos inertes, qui ne la percent pas mais qui existent bel et bien à cause d'elle. Au fond de la littérature s'ouvre ce gouffre où le désir (celui d'écrire, signe de tous les autres) se déforme jusqu'à l'« inanité sonore ». « Croyez que cela devait être fort beau », disait à la fin de sa vie Stéphane Mallarmé devant ce qui restait — ce qu'il n'avait pu écrire — de son Oeuvre.

Mais une oeuvre ne va pas nécessairement vers le silence ; elle ne le cherche pas obligatoirement, ne s'égare pas infailliblement, comme chez Borges ou Mallarmé, dans ces mondes muets et horribles qui définissent souvent à eux seuls l'univers d'une interrogation métaphysique. Écrire n'est pas nécessairement tunnel, labyrinthe, mur ; l'écriture ne va pas forcément vers le silence : *elle en revient*, elle en garde le souvenir, plus ou moins marquant selon le cas. Il ne faut pas confondre la disparition de l'écriture et la page blanche, la fin de la littérature et le silence. Avant le début du monde, le chaos était un vide. Il devait être silencieux. Son sens mythologique s'est cependant éventé avec le temps, et ce mot évoque aujourd'hui l'encombrement, le débordement des bruits et des choses, un espace trop plein d'insignifiances... C'est la même chose, mais c'est aussi le contraire ; Babel est devenue une épouvantable bibliothèque, où seul ce qui est introuvable, ou qui n'est pas encore écrit ni lu, conserve quelque valeur. La littérature provient du chaos, mais elle n'en est pas la fin ; elle ne fait qu'établir, dans une sorte de catalogue bruyant, l'inventaire de ce qu'elle n'a pas encore dit : le chaos était assurément voué à ce sens d'*entassement* qui lui a été donné petit à petit et qui a fait oublier l'autre. Le langage, la parole des humains, ne paraît pas précéder l'histoire d'Adam et Ève dans la culture occidentale. Elle s'inscrit à ce moment précis (?) comme une tentative anarchique de mettre fin au bonheur immense mais *muet* qui avait succédé au chaos et qui n'était pas encore la vie terrestre ; le langage vient de là. Il est l'espoir d'un ordre nouveau dans le désordre qu'il a lui-même créé, et auquel il ajoute sans cesse, tout en gardant au fond de soi une part de ce vide qu'il a recouvert. Cela explique peut-être que dans l'absolu, le silence soit si valorisé : on en a fait une devise d'or, moins monnayable cependant que la parole d'argent. C'est dans l'ordre des choses : serait-il économiquement défendable d'inventer des machines à écrire qui, au lieu d'imprimer simplement des lettres, disposeraient plutôt autour d'elles une surface blanche qui s'arrêterait aux contours des consonnes, des voyelles et des chiffres ? En apparence, rien ne serait changé. Au fond, tout.

Les pages, les toiles, les livres sont des espaces virtuellement sacrés ; des lieux d'élection à l'intérieur desquels le discours se dépose, s'alourdit doucement d'une signification qui unit le sens de la forme à celui du fond, qui donne corps — comme par transsubstantiation — à la parole. Or, plus ces espaces de signification raréfient l'usage du signe, plus ils semblent suggérer l'existence d'un type sélectif de discours, d'une pratique unitaire du langage. Ce que cette rareté signale, en fait, échappe à la circulation globale des signes, à leur valeur d'échange et à leur cours ordinaire au sein du langage, pour rappeler plutôt leur relation lointaine à l'univers du symbole, à son unité silencieuse, à son infinie réserve de sens. La notion du sacré, dans tout discours, semble prendre appui sur l'intuition de ce texte préalable et muet — mais disparu maintenant sous des amas de signes et de livres — qui a précédé la Chute, et dans lequel tout portait un sens plein, élevé, majuscule. Le silence, au fond du discours, relaie le pouvoir séculier du signe dans la désignation de cette unité perdue, il ouvre dans la toile, la page, l'espace le rappel muet

110

du chaos originel, mythique, devant lequel le murmure terrible du monde — de notre monde — n'avait pas encore surgi. Le sens du sacré, au sein du discours, se manifeste par cette certitude persistante qu'il est possible non seulement de parler plus fort que « le bruit inévitable et croissant » du monde (ce qui serait peut-être, en quelque sorte, le projet et le défi du roman), mais aussi de parler *plus loin* que lui, de le dépasser par un silence subit et inexplicable (imprévisible en tout cas) du discours humain, et par là enfin de le *confondre*, de le reconduire vers la transparence du symbole. Ce langage ouvert et presque translucide, capable jusqu'à un certain point d'effacer l'opacité du signe et de retourner celui-ci vers ce qu'il est incapable ordinairement de désigner, serait essentiellement poétique : il tendrait à ce parfait achèvement du sens originel, unitaire et sacré, que détenait le symbole avant que le Commencement du langage ne se mette à en annoncer aussitôt la Fin ; c'est-à-dire ce désordre complet et assourdissant des signes, leur croisement de plus en plus insignifiant et coûteux. Dans la poésie, en quelque sorte, le monde parle moins ; le cours habituel du langage semble détourné et consacré plus ou moins entièrement désormais à la recherche de ce silence profond que la parole a laissé disparaître, en un instant, sous le murmure du monde. Le sacré *exige* ce silence que le politique, le commercial et l'utilitaire ne peuvent se permettre et, par là, il autorise une dilapidation tout à fait contraire aux principes élémentaires de l'économie. Ce que l'on perd alors en valeur d'espèces — des instruments du culte, des vêtements somptueux, des ors, des cuirs et des papiers fins — est récupéré en termes moraux, culturels ou spirituels. « Sacrifier », avant ce sens familier qui évoque aujourd'hui la perte et le regret, signifiait « faire un acte sacré ». Une de perdue deux de trouvées, qui perd gagne et le silence est vraiment d'or, comme dirait le proverbiste Sancho Panza.

Bien entendu le silence, dans la littérature, ne réalise pas le sacré ; il ne fait que le rappeler, permettre que s'engage entre les noirs et les blancs, les vides et les pleins, une lutte difficile pour la possession du lieu que *traverse* le langage, mais qui n'est au fond qu'une aire où le chaos des voix actuelles couvre l'ancien, l'autre, le silencieux. Il semble alors que le sacré se signale constamment, derrière le tumulte des vivants, par l'imminence de ce chant indéfini et beau d'une mort qui s'ouvre — silencieusement pourtant — au creux de l'écriture et du récit. « Tumulte », pour parler des livres et des voix, ressemble à *tumulus*...

La littérature, toute littérature, tire ainsi de la part dite inavouable d'elle-même l'initiative, l'audace plus ou moins grande de son discours ; ce qu'elle essaie ou refuse de vaincre, ce n'est pas la parole, ce n'est pas ce que le langage permet, mais bien ce qu'il interdit et que le silence conserve jalousement : le sacré, au delà de toute profération, est l'être même du silence et de la mort. On peut à ce propos observer que les textes saints (ceux qui appartiennent au sacré et à qui, en retour, le sacré « appartient ») présentent en général un caractère très *contenu* ; leur discours est volontiers elliptique, parabolique et n'affronte pas l'élucidation entière de son propos. Il se réfugie dans la part de silence des symboles qui l'habitent et s'épanouit sereinement dans un monde du sens implicite ; son discours n'ébranle pas le terrible silence du sacré : il le vénère, au contraire, par une parole restreinte, célébration du Verbe et non pas descellement du silence. Les textes « maudits », au contraire (ceux de Sade, de Lautréamont, les romans orgiaques d'Apollinaire...), se livrent tout entiers à la profération des mots, des noms et des formes du désir ; leurs discours exemplairement explicites épuisent dans un recommencement constant les ressources de la parole, qu'ils reconduisent sans cesse à sa limite. Dans ces textes qui avouent tout d'eux-mêmes, le langage frénétique du désir ne se heurte à l'inavouable que dans la mesure où celui-ci survit à l'étalement des scènes et des noms, pour se réfugier dans une pratique subvertie de la parole dont le blasphème — comme une sorte de ferveur tordue — est la toute dernière expression. Le plaisir suprême de Dolmancé — pourtant incroyant — chez Sade, est de jouir en jurant.

Au delà de cet excès du pouvoir des mots, à peine supportable et vite brisé, le silence persiste. Mais il n'est plus couvert de phrases qui l'évitent, qui refusent d'être possédées par lui ; au contraire, la phrase se voue elle-même, par ses propres mots sacrilèges, à un insoutenable désir de la parole absolue, à cette tension limite après laquelle il n'y a plus cependant, et à nouveau, que le silence : l'enfoncement abrupt de la parole dans une nuit qu'elle ne s'est pas cachée. Si l'Écriture sainte est une célébration du Verbe dans la parole restreinte du texte sacré, le texte maudit est à l'inverse célébration du silence, à la limite d'une parole frénétique qui ne se refuse même plus à son propre mal et à sa mort. L'inavouable alors n'est pas nécessairement l'inavoué, l'indicible n'est pas fait que d'inédit ; chaque oeuvre littéraire dispose plutôt d'une marge plus ou moins grande de liberté, de permissivité, vis-à-vis de la dénomination des choses de son univers [1].

Dans les romans d'Hubert Aquin, en dépit de certaines ressemblances — souvent superficielles — avec le texte *maudit* (son usage du blasphème, ses « audaces » nominales, sa violence élocutoire), l'écriture rencontre extrêmement tôt son seuil de résistance ; le discours de chacun des narrateurs, en effet, manifeste une réticence presque immédiate à la différenciation, principe premier de son identité. Car le statut du narrateur aquinien est double, multiple ; à l'image de celle

---

1. L'homosexualité féminine, par exemple, n'est peut-être pas moins présente dans *Thérèse Desqueyroux* que le mysticisme dans *Sous le soleil de Satan* ou l'absurde dans *la Peste* ; mais elle est sans doute moins *signalée*, et cette réserve des indices détermine très tôt dans le roman de Mauriac un seuil de résistance de la dénomination. Là comme chez Gide, divers empêchements d'ordre moral ou social ont assurément imposé une certaine censure, mais il serait imprudent de dire que cela a pu nuire à l'écriture de l'un ou l'autre de ces écrivains ; la « discrétion » qui était de rigueur, jusqu'à la fin de la Seconde Guerre mondiale, dans la plupart des romans français, pourrait fort bien en fait n'avoir que *hâté* la rencontre de ces oeuvres avec leur propre limite élocutoire, avec elles-mêmes... Même une oeuvre comme celle de Sade, qui passe l'indicibilité factice des convenances, s'avance vers une fin indépassable du discours, vers une mort qui la ramène — à la limite du désir et du délire des mots — vers un espace sacré (chez Sade : celui du mal et du recommencement douloureux de ce pouvoir que procure, sur le langage et sur autrui, la dénomination sans retenue des termes du désir). Écrire, semble-t-il, garde quelque chose aujourd'hui de ce consentement exemplaire à la terreur et à l'exercice élargi, risqué du nom ; sur ce point encore — auquel nous reviendrons un peu plus loin — l'oeuvre d'Aquin paraît s'inscrire en faux contre les modèles culturels de la modernité.

du vaincu et du colonisé, sa conscience tente de lui dissimuler l'évidence d'un échec historique qu'elle ressent comme une absence au monde et à soi. Mais elle n'arrive qu'à intérioriser ainsi le sentiment de sa dépossession et à ne plus pouvoir supporter dans cette aliénation *consentie* le poids éventuel de sa réelle identité, redoutable parce qu'elle remettrait tout en question. Chaque narrateur s'enfonce alors dans une altérité aliénante qui le détourne de lui-même et lui permet de survivre pour un certain temps, jusqu'à ce que l'épreuve de la différenciation redevienne inévitable et que le nom soit à nouveau porteur de mort. Car c'est bel et bien le nom — celui du narrateur ou celui de l'Autre, celui de quiconque accède par là à une présence certaine à l'intérieur du récit — qui constitue chez Aquin le seuil de résistance de l'écriture, cela précisément qui lui tient lieu d'inavouable et de limite.

C'est le nom même — de la retenue à la profération et de la répétition incantatoire au blasphème — qui détermine dans cette oeuvre l'émergence du sacré ; et c'est au delà du nom, passée la dénomination (identification) dévastatrice de l'Autre et du moi, que s'ouvre en elle l'espace du silence. Le nom, comme dirait Foucault, est exemplairement (chez Aquin) le « terme du discours [2] », le point au delà duquel l'écriture disparaît, s'enfonce dans un recommencement infini. Dire, nommer, reconnaître provoquent au bout du discours l'éclatement du désir en un morcellement presque sans fin de ressemblances, qui couvre l'image première du récit et dispense la parole de vouloir son autorité. De *Prochain épisode* à *Neige noire*, ce dispositif de dissimulation agit d'une manière toujours plus systématique et sophistiquée ; mais il est important de remarquer surtout qu'au fur et à mesure que l'oeuvre évolue, la résistance au nom — à l'écriture, au roman — se fait de plus en plus immédiate et violente. Après *Prochain épisode*, écrire devient un acte de moins en moins consenti et toujours davantage voilé par un texte qui sans cesse se refuse à ses propres mots ; peu à peu, l'accès à l'écriture romanesque se bloque et déforme le dessin du récit. *Trou de mémoire* disperse à travers les perspectives anamorphiques et les

---

2. M. Foucault, *les Mots et les choses*, Paris, Gallimard, 1966, p. 133.

miroitements de l'esthétique baroque la signification réelle de la mort de Joan, le refus qu'elle implique de l'écriture, de la relation à l'Autre et de l'identité... *L'Antiphonaire*, en 1969, introduit dans l'oeuvre un renversement complet de perspective ; mais la narration que Christine y assume ne suffit pas à la préserver du pouvoir de l'écriture et du nom. Écrire devient dans ce roman un exercice tragique et démentiel du mal, une crise violente qui s'empare comme l'épilepsie de celle qui écrit et qui fait d'elle, littéralement, une possédée. L'oeuvre d'Aquin, à la fin de ce troisième roman, entre vraiment dans la terreur de l'écriture ; son seuil de résistance semble s'être rapproché considérablement de la source de la narration et ne plus laisser au récit qu'une marge de manoeuvre extrêmement amincie, aux côtés de laquelle s'étend un silence sans fin. *L'Antiphonaire* est une oeuvre limite, dressée dans un équilibre périlleux sur le seuil de sa disparition, et prête en quelque sorte à s'abandonner, avec la violence d'une crise, à l'effroi sacré qui la possède. L'épilepsie, autrefois, portait bien le nom de « mal sacré ».

Avec *Neige noire*, enfin, l'écriture romanesque semble devenir chez Aquin quelque chose de purement résiduaire ; ce livre, en fait, se présente plutôt sous l'aspect d'un scénario que sous celui d'un roman, comme si le texte désormais ne pouvait plus répondre à sa vocation narrative ordinaire, mais devait maintenant se déployer dans une projection d'images sur la surface lisse et neutre d'un plan de tournage. Car le scénario n'est pas, comme le roman, le jouet du récit qu'il contient ; il n'est qu'un regard posé sur le déroulement des actions, ou plutôt, un espace où s'inscrit — sans que celui qui voit soit nécessairement impliqué — le développement d'un univers ; c'est un *texte-écran*. Pourtant, précisément parce que la narration n'y est plus entièrement écriture et qu'elle devient davantage regard, *Neige noire* appartient plus que tout autre roman d'Aquin au silence, à la violence et au sacré. Mais loin d'être une apothéose, ce roman représente au contraire le dernier état d'une dégradation de l'écriture romanesque qui va, depuis *Prochain épisode*, dans le sens de la déroute élocutoire.

Il ne faut pas se méprendre cependant : un tel phénomène est remarquable, à sa manière, en ce qu'il constitue une sorte d'épreuve en noir, un négatif en quelque sorte, des expériences de la modernité. L'intérêt de cette aventure n'est pas négligeable, assurément ; et il l'est d'autant moins que, tout en ne pouvant se soustraire aux effets de cet effritement, chaque roman d'Aquin traduit dans sa logique propre — d'une manière incroyablement lucide et contrainte — la conscience de ses empêchements.

Ainsi, *Neige noire* n'est plus seulement le seuil d'une « disparition élocutoire » ; il est aussi, en partie, cette disparition même. Son narrateur mystérieux, qui dit devoir en même temps, comme Kierkegaard, « être et ne pas être » (N.N. p. 5), y exerce une présence à la fois violente et contemplative, et son texte (saint en même temps que maudit) appartient aussi bien à la parole qu'au silence, dans un sacré ambigu — une *possession* tout ensemble diabolique et divine — que rien ne peut plus conjurer. *Neige noire* s'annonce comme une mystique extasiée des contraires.

Noms sacrés

Le roman commence à Montréal, dans la chaleur étouffante d'une soirée de juillet. Deux personnages, Nicolas et Sylvie, entrent en scène dès le début, saisis semble-t-il par l'oeil indiscret d'un observateur tout à fait extérieur, semblable à quelque voyeur profitant des fenêtres et des tentures ouvertes... Le commencement de ce texte, peut-être à cause de la chaleur, est par ailleurs empreint de lenteur, comme si les acteurs évoluaient dans un univers sourd aux commentaires du narrateur ; Sylvie dort, Nicolas se lève, se regarde dans le miroir de la salle de bains... Nous lisons :

Photos fixes de Pyramiden insérées dans la scène de la douche. Quand Nicolas se regarde de près dans le miroir, utiliser le même procédé et placer des photos fixes de la Chaîne des Sept Glaciers. Finalement, faire alterner des gros plans de Nicolas (...) avec plans fixes des crevasses du cap Mitra (N.N. p. 8).

Le lecteur comprend alors que ce qu'il lit n'est pas vraiment un roman, mais le scénario d'un film. Ce que le texte lui donne à voir, c'est l'espace d'une représentation, le déploiement d'un regard qui fait de lui un lecteur *masqué* par le spectateur virtuel du cinéma, et qui occulte du même coup la présence habituelle du narrateur derrière celle du scénariste. *Neige noire*, contrairement à tous les autres romans d'Aquin, peut donc s'engager d'entrée de jeu dans l'élaboration de son univers fictionnel ; le caractère dissimulé de la « narration » ne compromet nullement l'immunité, l'identité de celui qui raconte, à peine différencié de celui qui voit... La principale conséquence, alors, de cette dissémination de l'instance narrative dans le regard, c'est de permettre au texte d'*oublier* le néant, le vide avec lequel les narrateurs ordinaires ont à débattre. Le récit, contrairement à ceux de *Prochain épisode*, de *Trou de mémoire* et de *l'Antiphonaire*, ne contient pas ici ce creux que les textes antérieurs recouvraient tant bien que mal. Il relègue à l'obscurité de la salle de cinéma l'identité trouble du narrateur et du spectateur, dont les regards convergent et se confondent sur la surface pleine, saturée de l'écran ; en plongeant ainsi dans le noir la problématique duplicité du scripteur, *Neige noire* évite le conflit fondamental du discours aquinien, il le dispense d'emblée de la faille habituelle du roman : cette identité fracturée qui ne supporte plus la différenciation [1]. Dès lors, le livre évite — pour un temps du moins — la confrontation directe de la parole avec le *nom*, seuil de l'indicible chez Aquin : « ce qui est visible à l'écran correspond en fin de compte à l'indicible élocutoire » (N.N. p. 8).

Le texte peut ainsi se poursuivre, laisser se dérouler assez uniformément le récit en réduisant le commentaire à de simples indications scéniques. On apprend ainsi, peu à peu, que Nicolas est comédien et qu'il participe depuis quelque temps à la réalisation d'*Hamlet* pour la télévision. Il tient dans la pièce de Shakespeare le rôle de Fortinbras, prince de Norvège. Sylvie, quant à elle, semble ne pas avoir d'occupation particulière et vivre avec Nicolas une relation tout compte fait assez ordinaire... En apparence, tout est donc relativement clair, et la situation paraît prendre corps rapidement. Seules de rares hésitations, et quelques réflexions, le plus souvent d'ordre technique (« tout doit-il signifier à ce point ? » — N.N. p. 10), filtrent à travers l'opacité encore

---

1. Il peut être intéressant, du reste, de noter que vers la fin de *l'Antiphonaire*, Christine, littéralement piégée par une écriture qui la mène à son « identité » réelle (à son aliénation) et à sa mort, abandonne un moment la narration conventionnelle pour adopter elle aussi la technique du scénario. Elle ouvre ainsi devant elle, pour quelques secondes, un espace plus reculé, qui semble lui permettre un certain désengagement de sa situation. Mais le répit est de courte durée :

« (...quelqu'un, semble-t-il, vient de faire une entrée tapageuse. C'est moi ! Contrechamp : gros plan de moi toute en sueur, inquiète (aucun texte à dire) ...) » (A. p. 211).

Malgré le silence que lui permet l'image, Christine est déjà enfoncée trop loin en effet dans son processus de révélation ; elle est aussitôt reconduite par l'image à elle-même : « Je sens bien que je devrais procéder autrement, car la scène se disloque selon la perspective disharmonieuse et incohérente que j'utilise... » (A. p. 211). Aquin aurait-il tiré de cette séquence l'idée du scénario de *Neige noire* ? C'est possible. Cette technique particulière de montage narratif, qui lui vient sans doute de son expérience de producteur à l'O.N.F., a vraisemblablement trouvé sa fonction littéraire vers la fin du travail de rédaction de *l'Antiphonaire*.

incomplète du scénario et dévoilent parfois au spectateur un univers encore inconnu de glaciers et de neige...

Or, lorsqu'il revient chez lui, un soir, après une journée difficile sur le plateau, Nicolas annonce à Sylvie que Fortinbras sera son dernier rôle et qu'il entend bientôt se consacrer uniquement à la production cinématographique. Nous apprenons, par la même occasion, que les deux époux ont décidé d'entreprendre une croisière dans les îles du Svalbard, une possession norvégienne située au nord-est du Groenland, à l'intérieur, donc, du cercle polaire arctique. Ce voyage était préparé depuis longtemps ; avant même, en fait, que le texte ne commence : des vues de glaciers, des photos fixes du cap Mitra, dans l'île du Spitzberg (Svalbard), ont du reste laissé peu à peu supposer que l'action se déplacerait éventuellement vers ces régions. Mais il est encore impossible ici de deviner dans quel but :

À ce point du scénario, un grand nombre de compossibles ouvrent le film et annulent quasi totalement la peur de ce qui vient. Les moulures du Nathorst, les crevasses du cap Mitra, les schistes lustrés du Beerenberg (...) voilà autant d'éléments qui gardent béante l'ouverture du diaphragme. Toutes ces masses archéennes devront se raccorder, en cours de route, à une chaîne de significations, s'intégrer au film qui se fait et qui n'exite pas encore (N.N. p. 31).

Nous apprenons cependant bientôt qu'il s'agit là d'un voyage de noces et que le couple Sylvie-Nicolas a choisi de retrouver dans cette expédition au bout du monde le sens symbolique du pèlerinage nuptial : « en cela, le voyage de noces au Svalbard conserve un caractère sacré » (N.N. p. 82). Mais il apparaît également que cette aventure épouse, peu à peu, le sens de la création littéraire et qu'elle semble reproduire dans son déroulement la progression de l'écriture vers le sacré, vers l'indicible qu'apparemment elle esquivait au début du roman :

Le voyage vers un pôle *qu'il a été décidé de ne pas rejoindre* * se conçoit comme une ascension de l'inaccessible. Ce n'est pas la recherche de l'absolu qui exprime le voyage de noces, mais l'inverse. On part en quête d'un absolu pré-incorporé à l'aventure amoureuse (N.N. p. 83).

* C'est moi qui souligne.

Tout le texte semble donc s'engager dans le sens d'une célébration, ou, plus précisément, d'une recherche du sacré. L'écriture, sous l'aspect dépouillé et légèrement hiératique du scénario, se lance ici vers sa limite, s'élance vers l'affrontement d'une indicibilité assurément commune à tous les romans d'Aquin, mais qui, pour avoir été de plus en plus intériorisée, confine dans *Neige noire* à la mystique. Ce livre sera celui de l'effacement du monde réel dans l'extase, son histoire constituera une consécration finale du mal sacré, de la *possession* engagée depuis le discours de *l'Antiphonaire*.

Mais le terme même du voyage — et donc du discours — de ce roman nous est présenté, en toutes lettres, comme un extrême, « un pôle qu'il a été décidé de ne pas rejoindre »... Nicolas le sait (on le verra), mais Sylvie l'ignore ; un dévoilement savamment orchestré de l'intrigue nous révèle en fait que Nicolas, à la fois acteur et auteur d'un film dont la trame provient de sa propre vie, entrevoit dans le voyage au Spitzberg quelque chose de plus que la simple célébration nuptiale. Le sacré qui l'attire là-bas, en d'autres termes, n'est pas univoque ; et le diabolique se mêle peu à peu au divin, dans la progression dramatique qui va de Montréal à Ny Alesund, en passant par la Norvège et par *Hamlet*. Nicolas se dirige bel et bien, avec Sylvie, vers l'indicible ; mais ce qu'il faut dire, c'est que cette zone sacrée du monde — et du récit — vers laquelle il s'avance (le cercle arctique), loin de lui rendre la maîtrise de son univers, s'empare en entier de son être ; passée l'île de Sør Kvaløy, lorsque, sur le *Nordnorge*, Nicolas franchit la ligne du cercle polaire, une force obscure s'empare de lui : « Ici commence le *tempus continuatus* de l'ancienne Thulé » (N.N. p. 63). Et subitement, toutes les coordonnées de l'imaginaire basculent : le temps ne passe plus, il fera jour la nuit ; l'éclat de ces régions désolées promet l'aveuglement... Nicolas, sur le navire, explique à Sylvie : « La lumière, à cette distance du pôle, infiltre le plus noir de la nuit en été. À partir de maintenant, il n'y a plus de nuit pour nous » (N.N. p. 63)...

Le monde obscur de l'indicible, à leurs yeux, se retourne comme un gant ; la nuit devient blanche, la neige, noire et le sacré, satanique ; mais tout cela, encore une fois, d'une manière extraordinairement ambiguë : « Ce temps continu, loin de se ressembler toujours de plus en plus et d'engendrer la monotonie, se présente comme infiniment dissemblable à lui-même » (N.N. p. 65). Dans le temps suspendu du Svalbard, Nicolas n'envisage pas uniquement une contemplation passive du sacré ; il a résolu au contraire de l'exercer, de se donner à lui avec violence dans la célébration d'une sorte de messe noire : le sacrifice et la manducation de Sylvie.

Nicolas, dernier avatar du sort imposé à tous les narrateurs d'Aquin, n'a pas accédé dans la sérénité à la relation qui le lie à l'Autre, maintenant son épouse. Au coeur même du mariage qui l'unit à elle, il semble avoir découvert une tache insupportable, obsédante ; cela, du reste, a déjà été indiqué dans le roman : alors que Nicolas téléphonait à Sylvie, depuis l'édifice de Radio-Canada, des plans commutés à la chambre du couple nous montraient la jeune femme enlaçant un partenaire encore inconnu ; ces plans, d'une durée progressivement allongée, alternaient suivant un rythme de plus en plus lent avec ceux du visage de Nicolas, ainsi qu'avec des flashes du Hornsundtind, établissant de la sorte entre l'imagination de Nicolas et ces lieux encore inabordés du récit une filiation tragique, la ligne d'un destin. Après avoir raccroché et imaginé la jouissance de sa femme et de l'inconnu, Nicolas a lugubrement repris à son compte la prophétie d'Hamlet : « Malheur à moi d'avoir vu, de voir, ce que j'ai vu, ce que je vois ! » (N.N. p. 22).

Peu après, alors que Nicolas caresse une partenaire qu'il a ligotée pour l'avoir à sa merci, le même procédé d'alternance des plans est utilisé, dans une perspective qui renforce encore le lien esquissé plus tôt entre le voyage du couple, la mémoire de Nicolas et le destin de Sylvie : les cheveux de Linda, la partenaire en question, évoquent furtivement au moyen d'images brèves la chevelure de Sylvie, tandis que Nicolas lui explique avec insistance, sans se troubler, qu'il part bientôt en voyage de noces ; la scène, qui a lieu à l'appartement d'un ami de Nicolas, suggère ainsi une sorte de répétition de ce qui se passera plus tard, et que le narrateur ne connaît pas encore.

Cette mémoire profonde, cette hantise de l'infidélité de Sylvie ressurgit à nouveau, quelques heures après le départ du couple vers la Norvège : dans l'avion, tandis que son épouse dort, Nicolas se remémore une scène au cours de laquelle il lui faisait subir un interrogatoire serré dans le but d'apprendre le *nom* de son amant. Mine de rien, l'exigence de Nicolas oriente ainsi le discours vers son seuil de résistance, vers l'épreuve mortelle de la dénomination :

NICOLAS
(...) Je veux connaître son nom...
SYLVIE
Et si je te supplie de ne pas me le demander ?
NICOLAS
Qu'est-ce qu'il y a dans un nom ? Ce n'est pas à cause d'un nom que j'ai souffert...
SYLVIE
Un nom, ça ne se dit pas... (N.N. p. 39).

À force d'insistance et de menaces, Nicolas finit pourtant par apprendre que l'inconnu s'appelle Michel Lewandowski, qu'il est âgé de quarante-neuf ans, marié et père de deux filles... Curieusement, il semble sur le coup que l'identification de ce partenaire clandestin n'ait pas la gravité des autres proférations (ou dénonciations) dont se rendaient coupables les héros — les victimes — des romans précédents. Sylvie, après lui avoir avoué le nom de Michel, implore le pardon de Nicolas, qui le lui accorde apparemment sans difficulté. Quelque chose semble avoir rendu possible — et inoffensive — dans *Neige noire* la pratique du nom : alors que l'avion s'approche de la Norvège et des icebergs de l'océan Arctique, la mémoire de Nicolas lui rappelle — et nous apprend — que désormais le nom est revêtu d'une valeur inédite et qu'il constitue maintenant, au même titre que la ligne du cercle polaire, le seuil d'un univers sacré. (Flash-back) :

SYLVIE
Pourquoi voulais-tu savoir son nom à tout prix ?
NICOLAS
Parce que c'est sacré un nom, comme tu dis... et... Je ne sais pas, Sylvie, je ne sais pas... (N.N. p. 40).

Mais la puissance sacrée dont le nom est empreint aux yeux de Nicolas se trouve encore bien loin d'être élucidée ; elle ne figure dans le texte qu'à l'état d'intuition, comme une sorte d'anticipation de l'avenir, d'un vague destin celé dans le temps mort de « l'ancienne Thulé ». C'est également à ce titre que, peu après, le nom prétendument véritable de Sylvie, « la première icône de Sylvie Dubuque » (N.N. p. 44), nous est à son tour dévoilé ; il se présente lui aussi dans l'espace du discours comme l'évocation religieuse d'une force encore inconnue, qui échappe une nouvelle fois, pourrait-on croire, au pouvoir des mots : « Décrire cette séquence avec des mots confine à l'impossible. L'image filmique n'est pratiquement pas représentable par les procédés de l'écriture (...) L'écriture altère le mouvement de la vie (...) » (N.N. p. 45). Il semble pourtant que cette puissance du nom ne soit pas, ici non plus, étrangère à la mort, puisqu'en survolant le territoire de la Norvège, sorte de portique de la région sacrée du Svalbard, Nicolas avoue tout à coup : « Sylvie, je ne sais pas pourquoi, mais j'ai la mort dans l'âme soudain » (N.N. p. 48)... Un peu plus tard, lorsque, au cours d'une escale à Oslo, le couple rencontre Eva Vos, une amie de Sylvie, celle-ci lui demande discrètement : « Ne prononce jamais le nom de Michel devant Nic, je t'en supplie... » (N.N. p. 53). Le pouvoir du nom subsiste donc bel et bien au delà du pardon que Nicolas a accordé à sa femme ; alors que Sylvie croit tout danger écarté (elle conclut même candidement, à la suite d'une réflexion de Nicolas sur le langage filmique : « Les noms ne sont plus sacrés » — N.N. p. 56), Nicolas, lui, continue de se défier de ces derniers. La différence qui s'établit alors, devant le problème de la représentation du réel, entre ces deux attitudes fait de Sylvie un être de l'écriture et de l'enfoncement (« C'est passionnant. J'ai le sentiment qu'il a suffi d'aligner des noms pour que des réalités nouvelles se développent instantanément en profondeur » — N.N. p. 56), et de Nicolas un être de l'image et de la surface :

Je pense le contraire, mon amour... Ce n'est pas avec des noms que tu enfantes les significations souterraines, car cela équivaudrait à une démarche purement livresque — anti-cinématographique, quoi ! (...) Et puis je trouve bien secondaires, en fin

de compte, les significations souterraines. Je préfère penser en termes d'expansion spatiale et de temps (...) Au cinéma, on procède d'emblée avec une réalité innommée ; on l'épuise en surface, on la parcourt, on la survole, on l'explore sans descendre jamais sous la ligne de l'horizon... On n'a pas besoin de l'approfondir. Peut-être même qu'on n'a pas besoin de la nommer... (N.N. p. 56).

À elle seule, cette filiation de Sylvie à l'écriture (parole singulière masquant un réel innommable mais vouant, du même coup, celui qui l'exerce au vertige) suffirait peut-être à lui indiquer son destin et à dévoiler au lecteur (spectateur) l'imminence de sa mort. Mais cette conclusion, dans le temps disloqué de la mer de Barents, est infiniment retardée ; la suite des images retire aux yeux du spectateur ce que le scénario — et donc le texte — lui laisse deviner [2], parce que tous les éléments du système dramatique ne sont pas encore en place. Le seuil de l'indicible n'est pas encore franchi, le spectateur ne saurait encore voir ce que la nuit éblouissante du Svalbard doit lui imposer; Sylvie ne peut pas encore déchiffrer son destin dans ce scénario qui se trame à l'insu de tous, excepté Nicolas.

Plusieurs images viennent à ce moment renforcer, de manière très explicite, le caractère redoutablement sacré du voyage nuptial : « une certaine solennité doit imprégner cette approche du Spitzbergen en bateau. Les images n'ont pas de sens second, mais ce sont les images mêmes d'une cérémonie nuptiale dérivée » (N.N. p. 81). Enfin, lorsque le navire n'est plus qu'à quelques mètres de la côte du Spitzberg (et du quai de Ny Alesund), Sylvie demande tout à coup à Nicolas :

SYLVIE
Tu n'aurais pas un rôle pour moi dans ton film ?
NICOLAS
Peut-être...

---

2. Une indication de montage précise : « l'ordre des séquences se définit comme une dislocation délibérée du rapport entre le temps des spectateurs et celui de l'intrigue (...) Si on ne s'y reconnaît pas tout de suite, on sait bien que cela viendra, puisque l'avenir de l'intrigue n'apportera qu'un passé qui n'était pas encore dévoilé quand le spectateur s'en inquiétait » (N.N. p. 93).

SYLVIE

Quelle sorte de personnage ?

NICOLAS

Une femme...22 ans, blonde, mariée depuis quelques jours.
(...)

SYLVIE

C'est moi, le personnage ! ! ! ? Tu me fais marcher...

NICOLAS

C'est la vérité... (N.N. p. 90-91).

Au moment où le bateau va accoster, donc, le spectateur commence à réaliser que la fiction cinématographique s'est *trop* rapprochée de la réalité dans laquelle le couple semble évoluer depuis le début, et qu'en fait, ce réel saisi par la conscience de Nicolas est la trame même du film qu'il a décidé de faire. L'ex-comédien devenu scénariste voit ainsi se déployer devant lui, comme Hamlet en face du spectacle des comédiens ambulants, l'espace de sa propre fiction, son miroir ; la fusion du fictif et du réel est donc consommée à l'instant même où le *Nordnorge* arrive à Ny Alesund... C'est en quelque sorte l'union irréversible de ces deux dimensions qui constitue le vrai mariage de l'histoire et qui engage Sylvie dans un système dramatique où elle jouera, comme Nicolas, son propre personnage. Cette accumulation, cette densité des significations concentrées dans le paysage de l'expédition au Spitzberg se révèle alors être pour eux, comme une veille forcée de la conscience, une épreuve de plus en plus épuisante ; désormais, les acteurs ne peuvent plus échapper à l'attraction aveuglante de leurs rôles, tout le texte se dirige lentement vers sa chute... « C'est épuisant cette expédition dans les hauteurs qui cernent le Magdalenefjorden ; vivre tue » (N.N. p. 107).

À la fin de ce commentaire, le texte montre Nicolas et Sylvie à l'intérieur du refuge qu'ils doivent habiter, pour quarante-huit heures, au sommet de l'île ; cette retraite inusitée de deux jours constitue le terme du voyage et, bien sûr, son point culminant. Pourtant, la scène est très brève : on aperçoit Nicolas qui s'approche de Sylvie et qui la déshabille avec une hâte extrême ; on entend encore Sylvie demander : « Comment savoir quand ce sera demain ? » (N.N. p. 109), puis c'est la coupure...

Dans la séquence suivante, Nicolas, bouleversé, accourt vers le rivage de l'île. Il s'effondre près du *cabin cruiser* qui l'a amené de Ny Alesund au Magdalenefjorden et explique péniblement au pilote que Sylvie a chuté au fond d'un ravin... Où exactement ? Impossible de le déterminer, parce que la neige n'a pas cessé de tomber. Finalement, toutes les recherches entreprises pour retrouver le corps se révélant vaines, Nicolas quitte rapidement le Spitzberg, et après une escale à Trondheim, se retrouve à Oslo où il contacte Eva Vos.

Il porte alors avec lui une petite valise dans laquelle sans doute il garde le texte de son scénario ; curieusement, le commentaire précise que « la petite valise (...) est le cercueil symbolique de Sylvie ». Nicolas « tient son corps encoffré près de lui, il le porte, mais le poids du corps l'entraîne, détermine désormais sa marche et sa destinée ». La note se termine enfin sur cette réflexion pour le moins étonnante : « *Le voile de l'indicible vient de se déchirer* * » (N.N. p. 120).

Que s'est-il donc passé, entre Montréal et le retour à Oslo, qui puisse ainsi laisser le discours s'ouvrir sur l'interdit et lui permettre d'entrevoir cet espace qui ne lui appartient pas ? Pourquoi *Neige noire* semble-t-il parvenir à franchir une limite qui s'était imposée avec force à tous les autres romans d'Aquin ? Pourquoi l'indicible, l'innommable cesse-t-il apparemment ici de résister au récit ?

D'abord, parce que ce roman ne propose pas un univers du discours, mais bien un univers du regard, et qu'il échappe ainsi au péril que représente habituellement pour le narrateur aquinien l'exercice de la parole, identificatrice et mortelle. Ici, le regard est anonyme, il est celui du lecteur, du spectateur masqué que propose le commentaire :

Le masque, visage de pure convenance, aurait pour effet de libérer totalement le spectateur, le déchargeant des contraintes de son identité (...) L'idéal, même, serait d'imaginer le lecteur d'un livre portant un masque dont il pourrait (...) se servir comme signet. Comment faire passer ces réflexions dans un film? N'y pas songer (N.N. p. 159).

---

* C'est moi qui souligne.

Ensuite, et surtout, le récit de *Neige noire* parvient un moment à envisager l'inavouable et à s'y projeter en illuminant le *nom* (ce qui reste, enfin, de la dénomination dans ce texte à images) d'un nimbe sacré : l'éclat que diffuse ainsi le nom, dans le récit, soutient la représentation de ce qui va suivre, exactement de la manière dont la nuit ensoleillée du Svalbard a illuminé ce qui s'est passé là-bas entre Sylvie et Nicolas. À partir du moment où il dit passer le seuil de l'indicible, le texte de *Neige noire* devient quelque chose comme une célébration *maléfique* du sacré, une parole imprégnée de silence qui progresse, à la manière des textes saints, vers l'accomplissement d'un rite sacrificiel : le meurtre de Sylvie.

C'est bien, en effet, ce que la suite du scénario révèle ; à Oslo, Nicolas apprend à Eva la mort de sa femme, en la faisant passer pour accidentelle. Mais de retour à Montréal, le scénario de Nicolas dévoile à Eva, qui ne l'a plus quitté, toute la vérité sur l'assassinat de Sylvie dans le refuge du Magdalenefjorden. Au cours du processus dramatique qui conduit, peu à peu, à cette révélation atroce, de nombreux flashes-back rappellent les relations mystérieuses de Sylvie et de Michel. Lewandowski lui-même s'introduit, à certains endroits du scénario, pour demander à Eva des précisions sur la mort de son amante ; une explication se trame... Un jour, enfin, alors qu'il repérait avec Eva les lieux de tournage de son film, Nicolas aperçoit du haut d'une tour d'habitations de l'île des Soeurs une maison splendide : exactement celle qu'il cherchait pour représenter la demeure de l'amant de Sylvie, puisque c'était *celle-là même* ! Peu sensible au caractère forcé de la coïncidence, qu'il feint sûrement d'ignorer, Nicolas braque ses lentilles d'observation sur une fenêtre de la maison ; rapidement, d'autres images se substituent alors à ce qu'il voit de là-haut, élucidant brutalement aux yeux du spectateur tout le sens caché de la relation entre Sylvie et Michel :

Plan de Sylvie et de Michel : il la déshabille avec beaucoup de délicatesse. Nus, les amants s'enlacent et se placent dans les draps, au milieu du lit et sous cette gravure de Natchez-under-the-Hill. Gros plans très rapprochés de Sylvie et de Michel. Leurs regards sont graves, intenses.

127

SYLVIE

Cela ne peut plus durer, papa. Cela ne peut plus durer... (N. N. p. 214).

Sylvie Dubuque, amante à la fois de Nicolas et de Michel, est donc en réalité la fille de ce partenaire « inconnu » qui hante depuis le début l'imagination de Nicolas. Dubuque n'était que le nom de sa mère, une espèce d'illusion qui établissait entre la fille et le père, Lewandowski, l'écran d'une *fausse* différenciation. Sylvie, en marge des apparences, vivait donc avec Michel une relation parfaitement étanche, absolument protégée de toute contamination à l'Autre ; la relation amoureuse entre le père et la fille proclamait la perfection circulaire du Même.

Cela, du reste, est confirmé par une séquence où, tête-bêche, le couple se referme sur lui-même et semble échanger ses forces génitrices ; cette scène s'oppose fortement, tout au long du roman, à une autre au cours de laquelle Nicolas avait voulu contraindre Sylvie à la fellation ; mais celle-ci alors s'était débattue, le blessant même au pénis en le frappant avec un lourd pendentif. Ce tableau, fréquemment représenté, est manifestement relié à une circonstance plus ancienne encore, qui se situait au tout début sans doute des relations du couple : dans une voiture stationnée, Sylvie, droguée, se précipitait violemment sur le conducteur, qu'elle faisait jouir en le caressant agressivement avec sa bouche. Le conducteur était Nicolas, son futur époux. Il était ivre, et ils venaient de faire connaissance. Lorsqu'il a exigé, plus tard, que Sylvie refasse le même geste, Nicolas l'a poussée sans le savoir à une sorte de sacrilège ; cela ne lui était plus réservé... Sylvie, comme l'indiquent les repères temporels du roman, n'est en effet devenue l'amante de son père qu'à 21 ans (voir page 215). Or, au cours de sa vingt-deuxième année, elle confie à Eva qu'elle connaît Nicolas depuis un peu plus d'une année (voir page 53). C'est donc *entre-temps* que se produit l'inceste, c'est lorsqu'elle rencontre Nicolas — l'Autre — que Sylvie se retranche secrètement dans cette relation indifférenciée et sécurisante avec son père, sur ce territoire tranquille qui porte le nom transparent d'île des Sœurs.

C'est là que se trouve le vrai sens du « nom sacré » de *Neige noire* ; le nom est sacré parce qu'il constitue, entre la fille et son père, une célébration silencieuse du Même et qu'il délimite dans l'existence de Sylvie une aire de plénitude où l'*Autre* n'a strictement pas accès, où il n'est plus en son pouvoir de l'obliger à la différenciation. Mais cette région secrète du moi de Sylvie est menacée un jour par l'arrivée de Nicolas, qu'elle ne peut se défendre d'aimer mais qui l'oblige progressivement à être autre, la menant ainsi peu à peu vers la mort, terme inévitable d'une épreuve d'identité qui passe par la différenciation. Nicolas viole l'existence de Sylvie comme le soleil viole la nuit du cercle polaire. Ce qu'il part célébrer avec elle dans le Svalbard, c'est bel et bien le sacré, mais un sacré qui se trouve à l'envers de celui de Sylvie : Nicolas, dans l'île du Spitzberg, murmure avec Sylvie la messe noire d'une identité qu'elle interdit depuis l'île des Soeurs à son époux ; il sacrifie, au sens étymologique, la vie de Sylvie à la région obscure où elle s'est retirée avec Michel ; il inonde d'une clarté diabolique la nuit de son silence (le commentaire précise : « Si le silence a une couleur, il est noir » — N.N. p. 125).

Nicolas, en franchissant la ligne du cercle polaire, avait en quelque sorte annoncé à Sylvie ce qui allait se produire : « À partir de maintenant, lui avait-il dit, il n'y a plus de nuit pour nous... » (N.N. p. 63). Mais Sylvie, être de l'écriture protégé de la dénomination mortelle par sa relation incestueuse (au Même) ne l'avait pas compris ; c'est à son insu que par le regard de son mari — désormais projecteur d'images et de lumière — « le voile de l'indicible » a pu se déchirer devant nous. Par ce déchirement, le texte-écran de *Neige noire* sature l'identité secrète de Sylvie (sa non-identité) d'une insoutenable clarté, dévoile son inavouable retraite et la condamne, tout comme son père, à mourir de la révélation de l'indicible. Les noms, même sacrés, appartiennent donc toujours chez Aquin à la mort : Nicolas immole Sylvie à la désignation d'un amour qui devait taire son nom et Michel Lewandowski, peu de temps après avoir appris la mort de sa fille, se suicide. Rien de tout cela ne se serait produit si quelque inconnu — en l'occurrence Nicolas — n'avait introduit dans cette relation fermée un germe fatal d'altérité, une sorte de fissure par laquelle le cercle s'est ouvert malgré lui au monde et à la vie, à un *corps étranger* :

SYLVIE
Tu sais ce qu'il me faudrait, papa ? C'est une drogue contre la vie... Car je suis monstrueuse...
MICHEL
Nous n'avons fait que nous consoler de la vie, rien d'autre. Ne redeviens pas une petite fille tragique (...) Ce n'est pas de venir en toi qui me presse, mais de rester en toi le plus longtemps possible, pour toujours... (N.N. p. 218).

C'est à cause de la présence de Nicolas, à cause de son regard porté sur le secret de leur vie que Michel et Sylvie meurent. Le regard de Nicolas, comme celui d'Orphée encore une fois, impose à celle qu'il contemple le poids accablant d'un règne profane qui souille et perd la pureté du sacré ; l'existence *de surface* — comme celle du film — de Nicolas détruit l'existence profonde — comme celle du livre — de Sylvie. Sa vie annule la sienne : « vivre tue... ».

Nicolas, cependant, ne meurt pas. La distance qu'il entretient vis-à-vis de l'écriture le protège de la disparition, « et parce qu'il vit, dit Eva, il aura l'air innocent » (N.N. p. 247) : le meurtre de Sylvie s'est produit sur une scène inconnue et sauvage, dans une région si mal localisable que son corps même ne sera jamais retrouvé. Sur ces glaciers hostiles à toute trace de vie humaine, Nicolas était *ailleurs*, il se donnait le meilleur des alibis. Plus tard, à Montréal, il pourra même représenter en détail, dans son scénario, l'assassinat de Sylvie ; mais rien de ce qu'il montrera ne pourra être retenu contre lui, puisque dans les hauteurs glacées du Spitzberg, rien de ce qui s'est passé n'est demeuré *écrit*. Ce paysage de neiges et de glaces reste effectivement une page blanche, une terre éternellement promise à l'effacement. En quittant Montréal pour cette île du Svalbard, Nicolas et Sylvie laissaient bel et bien derrière eux, « plus bas, l'écriture des rivières, des sillons et des brèches » (N.N. p. 35).

À Montréal, cependant, au retour, Eva découvre dans le manuscrit de Nicolas la vérité sur la mort de son amie. Elle avait cru jusqu'alors à la version du suicide, que lui avait proposée Nicolas ; mais ce qu'elle apprend ce matin-là *par l'écriture* la bouleverse complètement. Contrairement à Sylvie, Eva comprend le sens des mots et des noms, elle voit se déployer à leur surface les significations profondes que l'autre laissait à leur épaisseur livresque. Elle n'est pas retranchée de la vie au point de ne pouvoir déchiffrer les signes qui l'entourent. Sa lecture donne alors lieu, dans le scénario, à la représentation tardive du meurtre de Sylvie, scène qui avait été escamotée jusque-là ; mais surtout, elle laisse à Eva la possibilité de choisir son destin : ou bien elle reste avec Nicolas et accepte désormais de se conformer à ce qu'il écrit, ou bien elle le quitte, échappant ainsi au texte et à la mort pour ne plus appartenir — à l'insu d'ailleurs de Nicolas — qu'à la PURE représentation. Et c'est précisément ce qui arrive ; lorsqu'elle apprend quel a été le sort véritable de son épouse, Eva abandonne Nicolas, fait résilier son contrat avec la Marcus Films et persuade la comédienne Linda Noble (qui devait jouer à l'écran le rôle dangereux de Sylvie) d'en faire autant. Les deux femmes échappent ainsi au sort *écrit* (prédit) de Sylvie, dont la disparition, en déplaçant tous les rôles d'un cran, léguait à chaque femme (à chacune de ses semblables virtuelles) un sort analogue au sien. Linda comprend tout à coup pourquoi, avant de partir en voyage de noces, Nicolas l'avait ligotée aux coins d'un lit : son comportement était véritablement une répétition de ce qui allait arriver à Sylvie, puis à Linda qui tiendrait son rôle, et ainsi de suite...

Linda, comme Sylvie, était incapable de déchiffrer son rôle réel, et cela se conçoit aisément : leur sort à toutes deux, dans le scénario de Nicolas, était écrit sans l'être vraiment ; c'est-à-dire que le terme du discours de Nicolas n'était pas la dénomination, mais la représentation de l'indicible sur une scène remplie, débordante de lumière même au coeur de la nuit. Ce texte était écrit sans l'être, tout comme le film que nous « voyons » n'est pas encore filmé, tout comme le blanc enfin n'est plus le blanc, ni le noir, le noir. Ce négatif du discours, seule Eva, fille de la Norvège et femme qui connaît, comme Nicolas, le langage de la radio et de la télévision (et qui en outre n'est absolument pas comédienne, qui ne sait pas *jouer*), peut arriver à le décoder. Dès que ce décodage est réalisé, le pouvoir et le comportement de Nicolas sont aussitôt démystifiés ; cet homme n'est plus qu'un assassin sadique (que les apparences continuent cependant de protéger aux yeux d'à peu près tout le monde) dont Eva et Linda se détournent à jamais. Désormais, le meurtrier de Sylvie devra aller sans elles à Repulse Bay tourner son film...

L'univers du sacré de *Neige noire* se scinde à ce moment en deux : Nicolas disparaît de l'écran et s'enfonce dans ce que l'on pourrait appeler sa part maudite ; la dernière image où il figure le représente d'ailleurs, en flash-back, pris de vertige devant le précipice où il vient de laisser glisser le corps de Sylvie :

Plongée sur lui qui recule vers le précipice avec terreur, comme s'il ne pouvait pas s'arrêter et comme si le précipice exerçait une irrésistible attraction sur lui. Il chancelle, tombe à la renverse ; sa tête est tout près du précipice. Fondu au noir (N.N. p. 240).

Les deux femmes, elles, se retrouvent dans l'appartement luxueux de Linda ; elles ont lu les plus horribles pages du scénario, elles savent que Nicolas ne s'est pas contenté de ligoter Sylvie et de la taillader, mais qu'en plus il a découpé et mangé certaines parties de son corps :

Flashes. On voit Sylvie Lewandowski ligotée, écartelée. Elle est découpée à plusieurs endroits et saigne abondamment. Son front est monstrueusement ouvert. Gros plan de Linda Noble : elle est bouleversée (N.N. p. 242-243).

Alors que l'existence de Nicolas, isolé de « ses » femmes, s'efface dans une sorte d'indifférenciation muette et que sa présence maléfique est enfin rejetée du film, le scénario développe peu à peu entre Eva et Linda une nouvelle version du sacré, exclusivement lumineuse et sereine, amoureuse et mystique. Les deux amantes tirent l'une et l'autre de leur relation physique le principe d'un bonheur que nulle altérité ne vient plus troubler, une paix radieuse qui échappe désormais complètement au pouvoir négatif de l'Autre, du possesseur, du meurtrier, du récit. Le sens profond de l'« Undensacre », qu'une « secousse symbolique » (N.N. p. 195) du scénario avait déjà laissé entrevoir, s'épanouit alors et rejoint dans la formule d'une transfiguration heureuse du monde la petite ville de Natchez-under-the-Hill, qui représentait aux yeux de Sylvie le bonheur de sa relation avec son père. Toutes les pistes du roman aboutissent donc, après l'évincement de Nicolas, à ce lieu secret et sacré de l'Undensacre, dont le Sptizberg n'était que le négatif. Toutes les images de l'univers filmique se superposent et définissent pour Eva et Linda le terme symbolique — et toujours, malgré tout, inavouable — du discours. Tout est là, mais nul ne sait où :

(Elles sont déjà parties ensemble sur le chemin d'Undensacre, mais c'est loin. Et surtout, personne ne sait si cet Undensacre n'est qu'une autre désignation d'Odense ou si Undensacre ne se situe pas plutôt dans le Jutland occidental où se rendait Gertrude pour retrouver secrètement Fortinbras, le jumeau d'*Hamlet*, un peu comme Sylvie Lewandowski, *quand elle n'était plus Sylvie Lewandowski* *, se rendait parfois, mais jamais assez souvent, à Undensacre retrouver son père en secret. Personne ne connaît vraiment l'emplacement du tombeau de Fortinbras qu'Eva et Linda cherchent dans leur dérive amoureuse ; personne non plus ne retrouvera celui de Sylvie (...) L'île du Spitzbergen est une image retournée d'Undensacre (...) Tandis que les corps enlacés d'Eva et de Linda cheminent sur la voie illuminative, il apparaît de plus en plus évident que l'Undensacre coïncide avec l'Odainsakr qui est une vision suspensive du temps.) (N.N. pp. 250-251).

Le terme du discours de *Neige noire* n'appartient donc pas, c'est bien évident, à la dénomination, ni même à la désignation ; le texte-écran du scénario, en dernière analyse, n'ouvre plus que sur une correspondance lointaine de ses signifiants avec des énigmes célèbres de l'histoire et de la littérature (l'Undensacre, *Hamlet*...), il essaie vainement de transcender ses significations dans un recours désespéré au symbole. L'espace obscur du délire et de l'incantation euphoriques aspire alors toute image, toute parole ; Eva et Linda célèbrent l'une et l'autre leur désir dans un dialogue extasié qui rappelle d'abord *le Cantique des cantiques* et qui devient peu à peu — après la disparition de Nicolas, de l'Autre — un discours de

---

* Je souligne.

l'abolition dans le Même, l'identique : les amantes de plus en plus passionnées peuvent désormais céder sans risque à la relation indifférenciée qui les unit et se consumer littéralement, en l'absence d'*objet* réel, dans « l'amour de l'amour » (N.N. p. 253).

Neige noire n'arrive ainsi ni à la dénomination, ni à la désignation, ni même à l'assouvissement : ce roman s'enflamme au contraire dans une célébration absolue du désir, mais du désir intransitif, sans objet. Depuis l'évincement de Nicolas, le discours du scénario semble brûler sur place, fondre comme une image immobilisée trop longtemps devant la lentille du projecteur. Le récit finit même par basculer, avec la dernière réplique d'Eva (à qui le sens de ses propres paroles échappe) dans l'aveuglement, l'illumination, le non-sens. La parole chavire dans l'invraisemblable et devient un balbutiement extatique :

(...) Eva a les yeux ouverts et monologue à voix basse.

EVA
Dieu est en moi, mais aussi j'entre en Dieu. J'ai le sentiment de l'habiter... Quand ta langue me darde, tu lèves le voile qui me séparait de la voie lactée, et maintenant, je frôle le grand silence dans lequel la vie naît, meurt et renaît à l'échelle cosmique, peuplant ce vide d'un murmure de joie (N.N. p. 252).

À la suite de cette réplique, le discours entier (ce qui en reste) se détourne de la parole et devient dans la longue parenthèse des deux dernières pages du roman un texte mystique, une étrange fusion de la vie et de la mort, de la souffrance et de la joie. L'écriture lègue à un silence sans limite le mystère de son propre sens :

(Il ne fait aucun doute qu'Eva, limitée dans son français, a franchi le seuil de l'invraisemblance, entraînant avec elle le lecteur qui s'abandonne en esprit à ce qui la brûle dans une voûte rameuse qui ne cesse d'être infiniment gonflée (...) sous la poussée d'un seul et unique baiser qui n'est pas celui de la mort, mais celui de la vie et de l'amour. *Le Verbe est entré en elle. Celui qui, comme Eva, contemple cette splendeur caverneuse est voué à la mort* * (N.N. p. 253).

------

* Je souligne.

Parler, écrire, désormais, gît dans l'indifférenciation ; cela évoque également, dans une mystique un peu ampoulée des contraires, le silence et le langage, le diabolique et le divin. Linda devient dans le corps mystique de ce texte sorti de lui-même la « soeur » d'Eva, et le film délesté de l'écriture, confiné à la pure représentation d'images sans histoire, peut *posséder* enfin le lecteur, cet être de la littérature qui (comme Sylvie) a été violé par la nuit aveuglante de la Norvège et a été soumis par une force supérieure (sa supposée jouissance...) à la prétendue puissance de celui qui parle :

Celui qui s'est rendu jusqu'ici sait que ce n'est pas un film qu'il regarde par les yeux d'un spectateur, mais un livre qu'il continue de feuilleter en tremblant. Et ce lecteur est déjà rendu trop loin en lui-même pour ne pas se laisser envahir, comme Eva, par ce baiser final qui est infini dès lors que la jouissance interfécondante donne accès à la palingénésie et que son cours recoupe le déroulement de la cène céleste (N.N. p. 253-254).

Toute une mise en scène concourt donc, dans *Neige noire*, à rétablir cette autorité dont les romans précédents se sont peu à peu éloignés, non sans violence ni sans mal, depuis *Prochain épisode* ; mais ce dernier texte, dans une tentative à la fois admirable et dérisoire d'accéder à la maîtrise de son discours et de son désir, cède à sa propre fascination, s'enfonce dans cet espace béant que *Trou de mémoire* et *l'Antiphonaire* avaient plus ou moins réussi, à force d'art et d'artifices, à recouvrir. *Neige noire* semble dresser au-dessus du gouffre de l'écriture et de la mort un écran où se dessinent à nouveau, malgré tout, les figures mêmes de l'écriture et de la mort ; l'univers du discours retombe ainsi à plat sur celui du néant qu'il défie, qui l'absorbe et qui pourtant lui promettait l'éternité :

Que la vie (...) continue éternellement *vers le point oméga que l'on n'atteint qu'en mourant et en perdant toute identité* *, pour renaître et vivre dans le Christ de la Révélation. Le temps me dévore, mais de sa bouche, je tire mes histoires, de sa sédimentation mystérieuse, je tire ma semence d'éternité. Eva et Linda

---

* C'est moi qui souligne.

s'approchent de ce théâtre illuminé où la pièce qu'on représente est une parabole dans laquelle toutes les oeuvres humaines sont enchâssées (N.N. p. 254).

Pourtant, sous les apparences de cette autorité (et de cette vie éternelle) recouvrée dans un univers tout entier soumis au pouvoir de symbolisation de l'écriture, *Neige noire* s'enfonce en fait dans une indifférenciation définitive, une sorte d'abandon las et affaibli de son propos à « toutes (ces) oeuvres humaines » auxquelles l'instance narrative — anonyme — du livre cède en dernier lieu la parole. De *Prochain épisode* à *Neige noire*, par la quête de plus en plus désespérée de son autorité, ainsi que par cette extrême violence liée à un même élan du désir et du refus du *nom*, l'oeuvre d'Aquin pourrait se définir comme la tentative de production d'un langage de type classique, traversé par Sade et combattu par Dieu.

L'écriture d'Aquin n'échappe en effet à sa propre violence que pour se consumer dans l'illumination du texte mystique, au point où toute chose redevient symbole, mais aussi là où tout cesse de signifier ce monde-ci pour désigner l'au-delà, le béant. *Neige noire* semble ainsi accomplir la prophétie étrange d'un texte intitulé « Tout est miroir [3] », qu'Aquin publiait vingt-quatre ans plus tôt dans *le Quartier latin* :

L'artiste était sur le bord de la joie : son oeuvre lui renvoyait une image exagérée de sa puissance.
Pour achever cette impensable fête il s'y jeta lui-même. Pour finir, il fallait anéantir le dernier spectateur (...) L'artiste se crucifia au milieu de son oeuvre. Ce fut le plus beau moment du spectacle quand le dernier oeil qui le regardait fut crevé. Alors tout avait pris son sens. (...) Ah ! spectacle sans spectateurs, qui, gorgé de son propre vertige, s'enfonçait en lui-même comme une pensée qui se pense. Au centre de cette rotation sublime, il y avait l'âme de l'artiste, crispée comme un Dieu...

* * *

En vous racontant cette fantasque aventure, j'ai passé près de devenir Dieu ; (...) j'allais presque recréer le monde, mais je me suis arrêté, car la concurrence de Dieu le père me contrariait. C'est entendu qu'il sera toujours le plus fort, et je suis mauvais perdant.

---

3. H. Aquin, *Blocs erratiques*, Montréal, Éditions Quinze, coll. « Prose entière », 1977, p. 31.

5

L'imaginaire captif

Il y a toujours trop de mots entre moi et moi-même ;
ils encombrent, et à force d'en mettre leur transparence
devient opacité. Il faudrait ne dire que les paroles indis-
pensables... mais parlons quand même.

(Hubert Aquin, « Pensées inclassables », 1950.)

Il faut parfois se taire, mais je continue de laisser
libre cours à cette parole superflue. Le superflu est le
signe indélébile de la pauvreté et je me sens démesurément pauvre.

(Hubert Aquin, « Le texte ou le silence marginal ? », 1976.)

Après cette mer immobile du silence, les fiancés
abordaient une île perdue retrouvée, quelque part au
milieu des eaux. Après une navigation désespérée et
avant de sombrer à jamais, ils eurent quelques paroles
sans contexte.

(Hubert Aquin, « Les fiancés ennuyés », 1948.)

Le texte à l'infinitif

De *Prochain épisode* à *Neige noire*, le récit aquinien se place en entier sous le signe du masque et de la dissimulation. Peut-être même le roman n'est-il, dans l'ensemble de l'oeuvre, qu'un mode particulier d'effacement de l'écriture derrière les mots, une atténuation singulière du pouvoir de la littérature et de l'imaginaire au sein des réseaux complexes de la narration. Écrire, raconter, comme parler, regarder, sont des principes de découverte et de révélation, des pratiques par lesquelles l'écrivain (le conteur, le spectateur) accepte de se voir *autre* pour éprouver le sens de sa différenciation, la portée réelle de son identité. L'écriture, aujourd'hui peut-être mieux que jamais, est une heuristique de la différence, une épreuve de langage dont le développement, s'il a quelque chose d'inusité, de neuf, peut parfois prétendre à la littérature. Il arrive que cela suffise, mais il se produit le plus souvent que cela s'avère insuffisant ; le poème, le récit, l'analyse restent alors en dépit d'une certaine originalité en deçà de la poésie, du roman, de l'essai : parce qu'il faut bien qu'en naissant, l'écriture accepte de se livrer à ce qu'elle ne connaît pas encore d'elle-même, à ce qui la possède *aussi* en dehors du lucide et du construit, et qui par imprévisible constitue la littérature même : ce qu'il faut donner à voir, d'une pomme ou d'une lettre, *dans* la lettre et la pomme...

La littérature alors s'élabore à partir du risque de l'écriture, l'univers de l'imaginaire — du texte — se déploie tout ensemble à travers et malgré le péril de la lettre ; rien de mieux, à cet égard, que ce lieu à la fois transparent et opaque du poème de Roland Giguère où des maisons blanches sans toit ni murs, et des papillons blancs sur fond d'ouate laissent filtrer, à travers l'écriture même, un éblouissement égal de la page blanche et du vrai poème, du texte accompli et pourtant encore libre, indéfini : « On aurait dit un sanctuaire [1] »...

---

1. R. Giguère, *Forêt vierge folle* ; le poème en question, déjà cité plus haut, est tiré des « Cartes postales », p. 186.

vision métaphysique de la littérature.

Cet espace du texte ouvert, disponible, a effectivement quelque chose de sacré : un silence qu'il préserve, et qui pourtant ne lui appartient pas, une parole qu'il risque, et qui pourtant ne le compromet pas. La littérature moderne est un langage fragile qui s'érige en univers en dépit de l'écriture, mais par l'écrit tout de même ; elle est suspendue dans un univers incertain, à la fois vide et plein, muet et rempli de chuchotements. À cet égard il ne fait certes pas de doute, comme a su l'écrire Pierre Nepveu, que l'univers de la modernité soit avant tout celui de la poésie, langage profond qui, du reste, n'a jamais si bien résisté que maintenant à la récitation :

La poésie (...) porte la parole jusqu'à cette frontière au delà de laquelle elle ne parle plus (ou du moins ne *nous* parle plus), où elle se détourne à la fois de la voix qui l'énonce et de tout destinataire, résonnant désormais dans un vide, un « nulle part » qui lui confère une qualité étrange et, paradoxalement, une réalité absolue.[2]

Nul auteur cependant ne s'est, plus qu'Hubert Aquin, défié de la poésie, de cette forme de parole singulière qui consent à son propre silence. Non pas que le poétique ou le lyrique ne fassent pas partie du registre d'expression de son écriture, mais bien que celle-ci dissimule immanquablement sous le couvert du texte narratif le silence et le vide qui pourraient éventuellement (sans cesse) s'ouvrir en elle et la désigner alors, l'identifier elle comme littérature, lui comme écrivain. Chez Aquin l'expérience du silence, contrairement à ce que l'on peut observer chez la plupart des écrivains qui ont donné le ton à la modernité (Paz, Malraux, Borges et Sabato, par exemple), n'est pas consubstantielle à celle de l'écriture ; elle lui est antérieure, mais non pas préalable. Elle est un gouffre, un passé profond au-dessus duquel la parole s'étend comme un oubli, une surface d'évitement et de fuite où se dessine comme un voile l'écriture du roman. Le texte, ici, voudrait s'imposer comme une parole étanche, hors de

---

2. P. Nepveu, *les Mots à l'écoute. Poésie et silence chez Fernand Ouellette, Gaston Miron et Paul-Marie Lapointe*, Presses de l'université Laval, coll. «Vie des lettres québécoises », no 17, 1979, p. 278. C'est Nepveu qui souligne.

laquelle les mots ne sauraient circuler : ni pour filtrer vers le silence, ni pour en revenir — et contenir alors comme un venin, une promesse de mort, quelque chose de lui.

C'est pourtant ce qui se produit. Inévitablement. Le texte d'Aquin reste en effet incapable, au delà de toute tentative, de contenir dans sa seule parole l'infinité de ses possibles ; son sens ne se limite pas aux mots, ses images, ses phrases et ses figures n'épuisent pas malgré tout la somme de ses significations. Le terme du discours — le nom — n'assume pas sa propre béance, et l'inconnu auquel il conduit inquiète parce qu'il oblige au dévoilement et à la différenciation du moi, à la terreur donc d'une identité non pas fausse, mais profondément *manquante* : ce vide du nom, du discours et de l'histoire, ce silence que la parole tente de masquer mais qui continue de s'ouvrir, comme un abîme, dans les trompe-l'oeil, les négatifs et les miroirs de toutes les scènes du roman.

C'est bien cette absence de « sol » qui marque l'oeuvre d'Aquin, c'est bien par elle que l'écriture traduit chez lui cette terreur d'un monde dans lequel, même tardivement, elle ne peut arriver à s'inscrire, puisqu'il ne lui révèle que son aliénation, son altérité, son identité manquante et son absence de nom.

De *Prochain épisode* à *Neige noire*, l'oeuvre d'Aquin parle un langage de l'isolement ; son écriture, à défaut de trouver dans son environnement culturel, social et politique quelque signe qui la fonde en autorité, se réfugie d'emblée dans un espace neutre (à mi-chemin entre plusieurs histoires, plusieurs langages aux significations infinies) où ses propres références peuvent se développer, selon des perspectives inhabituelles, en marge du réel. La limite de l'écriture est alors posée, par cette exigence autotélique, au seuil même de la parole et du silence, sur une ligne qui partage l'imaginaire en deux régions : celle du masque, de la dissimulation du langage sous des ressemblances infinies, et celle du dévoilement — malgré tous les artifices et les trompe-l'oeil — d'un espace de mort que la parole ne suffit pas à combler. Celle-là est le lieu de la parole indispensable, l'épuisant maintien d'une surface où le discours doit couvrir le murmure effrayant du monde ; celle-ci mène au contraire à la béance d'un au-delà que les personnages et le récit ne peuvent envisager sans entrer aussitôt dans la mort muette cachée au fond des noms. Le nom, l'identité nue, dépouillée de ses multiples ressemblances, c'est la mort ; parler ne fait que retarder ce moment de vérité en permettant aux ressemblances de se multiplier, aux miroirs de se répondre... La parole, chez Aquin, est un exorcisme terrifié du silence, un effacement désespéré de l'espace de mort que contient toujours, malgré tout, le langage. Le discours aquinien refuse l'expérience du silence comme terme ultime de l'expérience verbale, il ne supporte pas l'identité mortelle qui tout à coup révèle au moi ce qui le sépare de l'Autre [3], et lui impose cet isolement tragique du langage que les noms d'emprunt et les masques du récit ont pour tâche de dissimuler : « Quand on prend la précaution de changer son nom officiellement, rappelle Nicolas dans *Neige noire*, on est sûr que tout est effacé » (p. 238).

Cette dissolution du moi dans le Même — derrière l'écran d'une fausse différenciation — est en quelque sorte chez Aquin le réflexe par lequel toute instance narrative assure — au moins pour un temps — sa survie. L'univers romanesque, chez lui, n'est à partir de *Trou de mémoire* qu'un réseau complexe de correspondances à travers lesquelles l'oeuvre répond elle-même de sa propre présence ; mais tout à l'inverse de ce « contexte pour l'art et pour l'action » dont Patricia Smart [4], dans l'optique d'une « dialectique de l'art et du pays », a pu en 1973 supposer l'existence, tous les romans d'Aquin écrits après *Prochain épisode* ont en réalité démantelé la continuité de l'art et de l'action, effacé le principe d'autorité de l'écriture et confiné la parole à une esthétique de l'isolement et de la fureur, de l'impuissance et de l'enlisement.

---

3. Dans un article intitulé « Le texte ou le silence marginal ? », publié par *Mainmise* en novembre 1976, Aquin écrit : « Pourquoi mettre une telle énergie digitale à n'exprimer que soi ? Pourquoi ne pas se relâcher et devenir les autres tout simplement ? Ce serait tellement plus simple, plus facile et, sait-on jamais ?, plus exaltant. On ne dénoncera jamais assez le prix exorbitant de l'individuation » (cf. H. Aquin, *Blocs erratiques*, Montréal, Éditions Quinze, 1977, p. 269).

4. P. Smart, *Hubert Aquin, agent double*, Presses de l'université de Montréal, coll. « Lignes québécoises », 1973, p. 65 et ss.

La stylistique du discours aquinien oscille sans cesse entre des pôles contraires, elle *recherche* la contradiction — non pas, comme en dialectique, pour la vaincre et la dynamiser — mais pour l'éprouver plutôt dans ce qu'elle a de plus statique, de plus immobile et de plus tranché. Toutes les oppositions et tous les paradoxes de l'écriture d'Aquin sont élaborés sur le modèle de l'antinomie parler/ne pas parler, qui mène infailliblement à cette autre, plus radicale et qui sous-tend l'évolution de son oeuvre depuis le début : être/ne pas être. Le style d'Aquin est en quelque sorte le fil tranchant d'une lame posée au point de rupture du discours, une menace constante du silence, de la faille qui risque toujours de s'ouvrir quelque part entre le fictif et le réel, au coeur des mondes du roman ; il est une pratique exacerbée de la tension, une véritable course à la dépression furieuse et à l'affaissement frénétique :

Pendant des années j'ai vécu aplati avec fureur. (...) Cracher le feu, tromper la mort, ressusciter cent fois, courir le mille en moins de quatre minutes, introduire le lance-flammes en dialectique, et la conduite-suicide en politique, voilà comment j'ai établi mon style. J'ai frappé ma monnaie dans le vacarme à l'image du surhomme avachi. Pirate déchaîné dans un étang brumeux, couvert de Colt 38 et injecté d'hypodermiques grisantes, je suis l'emprisonné, le terroriste, le révolutionnaire anarchique et incontestablement fini ! L'arme au flanc, toujours prêt à dégainer devant un fantôme, le geste éclair, la main morte et la mort dans l'âme, c'est moi le héros, le désintoxiqué ! (P.E. p. 25).

Cette incandescence figée, cette violence impuissante du narrateur de *Prochain épisode* n'est jamais, en fait, que celle de la parole, celle de l'écriture *tenue* à la dénomination et à la désignation d'un monde qui résiste au dévoilement et qui ne promet que la mort à celui qui exerce jusqu'au bout — jusqu'à soi et jusqu'à l'Autre — son pouvoir de nommer. Parler, dans la stylistique du discours aquinien, va de la réticence profonde de *Prochain épisode* (« ... ne pas invoquer ton nom, mon amour. Ne pas le dire tout haut, ne pas l'écrire sur ce papier, ne pas le chanter, ni le crier : le taire, et que mon coeur éclate » — p.

15) à la violence mortelle (suicidaire ou homicide) de *Trou de mémoire* et de *l'Antiphonaire*, et aboutit enfin à la parole-silence de *Neige noire*, à cette « coïncidence des contraires [5] » qui, à l'oeuvre depuis le tout début du premier livre, traduit dans ce dernier roman un retournement définitif du langage. Avec *Neige noire*, l'écriture d'Aquin n'habite plus en effet que le domaine de ses contradictions, elle n'est plus que l'univers restreint, tendu comme un cri, d'une parole qui ne se *possède* plus et qui se donne malgré elle à la puissance du nom, du désir et de la mort.

Le langage crispé, tenaillé de *Neige noire* n'éclate pourtant jamais, ne se dissout pas dans cette proféation sans limite qu'il envisage et devant laquelle le « voile de l'indicible » ne se déchire pas vraiment. Cette tension au contraire ne l'empêche pas de s'annoncer comme roman, de se maintenir lui aussi, pour un temps, sur cette limite étroite qui sépare encore l'image du nom, et de ne s'enfoncer qu'après le délire d'Eva (mais alors : immédiatement) dans l'effroi sacré d'une désignation du monde devenue muette. Le narrateur masqué du texte peut à ce moment arriver non pas au nom, mais à l'image du nom ; il peut à la fois « être et ne pas être » dans cet espace mystique de la parole-silence et de la mort-vie, dans cette désignation abstraite et globale d'un univers qui élide le nom et le temps pour embrasser du *regard* sa propre éternité, sans visage et sans corps. Le texte même, se soumettant ici à l'emprise du paradoxe de Kierkegaard, se détourne ainsi de sa substance, de l'écrit ; il disparaît, tout en ne disparaissant pas :

Enfuyons-nous vers notre seule patrie ! Que la vie plénifiante qui a tissé ces fibrilles, ces rubans arciformes, ces ailes blanches de l'âme, continue éternellement vers le point oméga que l'on n'atteint qu'en mourant et en perdant toute identité (...) (N.N. p. 254).

Le terme du discours, dans *Neige noire*, n'est donc pas touché par un être porteur de différence et d'identité (un être manieur de noms, à la fois mortel et meurtrier), il est atteint par un

5. P. Smart, « *Neige noire, Hamlet* et la coïncidence des contraires », *Études françaises*, Montréal, P.U.M., vol. II, no 2, mai 1975, p. 151-160.

être-absent, un être disparu de l'écriture et du monde. Le terme du discours chez Aquin n'a plus le sens de *mot*, mais bien celui de *fin*. Il pose, au bout d'une résistance épuisante du texte au nom, l'espoir d'un silence qui, à l'image de l'ellipse et de la parabole des textes sacrés, pourrait saisir le monde au delà des mots, être infiniment langage et — si cela pouvait être — nullement signe, célébrer sans le secours mortel des noms la puissance infinie du possible.

C'est pourtant cette audace de l'incertitude que l'écriture d'Aquin, contrairement à toutes celles qui ont défini depuis plus de trente ans le tableau de la modernité, ne s'autorise pas. L'inquiétude particulière de l'imaginaire moderne, ce n'est plus en effet d'avoir à affronter le réel, mais le possible ; c'est, plus précisément, d'avoir à penser que l'univers des mots pourrait devenir, au regard de la conscience, un nouvel univers des choses ; que le langage pourrait ainsi relayer le réel et déterminer, par le moyen du récit, une angoissante continuité des mondes, des fictions... « Pourquoi sommes-nous si inquiets, se demande Borges, (...) que Don Quichotte soit lecteur du *Quichotte* et Hamlet spectateur d'*Hamlet* ? Je crois avoir trouvé la cause : de telles inversions suggèrent que, si les personnages d'une fiction peuvent être lecteurs ou spectateurs, nous, leurs lecteurs ou leurs spectateurs, pouvons être des personnages fictifs [6]. »

Cette fusion des univers, les romans d'Aquin la refusent catégoriquement ; des systèmes d'alternance complexes, des procédés savants d'inversion et de métaphore signalent, d'une façon constante, qu'une limite élocutoire (une grille rhétorique) sépare les dimensions multiples du récit, les visages des acteurs et les théâtres des diverses histoires. Le récit aquinien ne se donne pas par jeu, comme celui de Borges (encore qu'il faudrait s'interroger ici sur cette notion de *jeu*), à l'incertain, il n'explore pas délibérément le tunnel inquiétant qui s'ouvre au creux de l'écriture et ne veut pas connaître (reconnaître) la part de silence que le texte, chez lui, ne fait que recouvrir. Son écriture est une expérience constante de la limite. Non pas celle de la vie ou de la mort, mais bien celle, plus

6. J.L. Borges, *Enquêtes*, Paris, Gallimard, 1957, p. 83.

étouffante, d'un enfermement auquel le texte lui-même se voue, et qui tient le récit en deçà du possible, dans le miroitement mystifié et mystifiant de ses propres variantes.

Il faut remarquer, par ailleurs, que ce recul devant les possibilités et la contingence de la fiction s'accentue, de *Prochain épisode* à *Neige noire*, et qu'il se radicalise. Si le narrateur-espion du premier roman éprouvait déjà de la difficulté à admettre certaines évidences (comme celle, horriblement décevante, de la présence de K auprès de H. de Heutz), *Trou de mémoire* et *l'Antiphonaire* s'orientent plutôt, eux, vers des formes de plus en plus signalées et décelables — donc d'autant moins redoutables — de l'invraisemblable ou de l'impossible. Les coïncidences quasi parfaites qui s'établissent entre la vie de P.X. Magnant et celle d'Olympe Ghezzo-Quénum, l'incroyable ressemblance des aventures de Joan et de Rachel Ruskin, et enfin, dans *l'Antiphonaire*, la convergence plutôt forcée des destins vers une seule et même tragédie de l'écriture et de la mort, tout cela ne laisse guère de place à l'imprévu, au hasard. Tout est attendu, au contraire, prévu, cadastré et balisé par la logique d'un système de significations circulaires qu'il n'est guère possible sans doute de prendre en défaut, mais qui n'assure pas nécessairement l'accès d'une oeuvre à la meilleure littérature, à son propre mystère, à ses propres promesses.

Les romans d'Aquin (ce n'est pas là le moindre problème qui s'est posé à la démarche de l'écrivain) s'avancent constamment vers leur point de résistance et de chute, vers ce point où, derrière le voile des signes et des mots, derrière le réseau des correspondances et des ressemblances *pourrait* apparaître le creux vertigineux du possible, l'espace saisissant d'un désir illimité du corps et des mots qui passerait par la mort et l'habiterait, avec violence et avec ferveur (comme chez Céline ou Bernanos), qui l'animerait (comme Cortázar ou Sabato) de la nécessité profonde et implacable de parler. Mais ce saisissement de la parole ne se produit pas. Le dernier roman d'Aquin, au contraire, durcit la résistance du discours au simple probable, il détourne la parole de son cours ordinaire, du vraisemblable : les dialogues — particulièrement les dialogues amoureux — nient dans leur grandiloquence et leur ridicule consenti leur propre pouvoir d'être des *voix*, c'est-à-dire d'approcher et d'épeler dans un langage courant (et par là sujet à la réplique, exposé au sens commun) la part qu'ils prennent au sort du roman, de l'écriture. Dans *Neige noire*, c'est le texte tout entier, en fait, qui se retire autant qu'il le peut de la circulation des signes, le texte entier qui se soustrait aux incertitudes et aux fluctuations de la littérature, et qui refuse désormais d'intervenir explicitement (comme le faisaient encore *Trou de mémoire* et *l'Antiphonaire*) au sein de son propre processus de signification. *Neige noire* est une oeuvre dont le texte — infiniment logique, à n'en pas douter — se laisse porter par un retournement pur et simple des pôles de l'imaginaire. Ce roman gît en quelque sorte *immobile à l'intérieur du sens implicite de ce renversement,* dans un enchantement des contraires au sein duquel rien n'*agit* plus, puisque tout n'est plus qu'une question d'être et de non-être. L'univers muet (mais absolu) du symbole cherche ainsi à s'imposer, par le biais d'un style figé et d'un lexique sibyllin, au détriment de celui des signes, dont le discours à la fois noir et blanc, lumineux et obscur, présent et absent, neutralise son propre travail différenciateur. *Neige noire* ne se heurte pas au risque de l'écriture et de l'altérité, au jeu d'une variabilité du moi qui pourrait orienter, à nouveau, le texte du roman sur le monde. Il évite par tous les moyens, au contraire, cet univers du désir et de la peur infinis du possible, que recèle et qui hante aujourd'hui le travail de l'écrivain.

Voilà ce dont l'écriture d'Aquin se détourne, *in extremis,* avec *Neige noire.* Ce dernier livre, en effet, reste à jamais figé dans sa terreur sacrée, son discours ne se mêle plus à l'univers instable du roman ; il s'érige plutôt, à la limite du travail de la représentation, comme un commentaire désengagé sur le spectacle grandiose que pourrait produire, sans écriture et sans dénomination, la puissance de l'artiste. Mais il n'accepte pas le compromis dangereux des mots, cette expérience — assez humiliante en somme — au cours de laquelle le pur symbole risque inévitablement de se dégrader en une multitude de petits signes indociles et d'obliger à un travail d'élucidation du monde qui mènerait le roman vers le vrai danger de l'écriture, c'est-à-dire à l'étonnante présence d'un moi

147

qui supplanterait le sacré et qui s'obligerait (comme Adam) à sa propre différence, à sa propre identité. C'est cette lecture des signes que *Neige noire* n'autorise plus ; le « point oméga » que l'instance narrative du roman n'atteint « qu'en mourant et en perdant toute identité » (p. 254) ne signifie plus alors une échappée du regard vers l'infini, vers Dieu, mais bien une fermeture du texte au monde de l'identité et de la différenciation (au jeu des relations entre le moi et l'Autre), un refus final des variantes et des possibles du désir que l'écriture *off*, parenthéisée, du roman, suspend.

Neige noire s'éloigne ainsi radicalement du « roman à l'imparfait » dont a parlé Gilles Marcotte, c'est-à-dire de ce « roman comme passé, forme majeure de l'écriture occidentale et de son institution littéraire », et aussi du « roman comme im-parfait, roman (...) de ce qui se donne, dans son projet même, comme une expérience de langage jamais terminée, interminable [7] ». Le texte romanesque d'Aquin, en effet, se dissocie avec *Neige noire* de l'expérience du langage, il se déprend de ce jeu de signes qui a mené l'écriture moderne vers un nouvel imaginaire du roman, vers cet univers de l'infiniment possible où les langages, les fictions des mots et des choses se prolongent... Cette dernière oeuvre ne conjugue plus ni au passé, ni au présent, ni au futur le sens de son récit ; elle ne fait qu'évoquer, dans une sorte d'immobilité tragique, un écrasant désir de signifier interminablement, d'être éternellement sens, plénitude, symbole. Ce désir abstrait et vibrant de l'absolu, nul mot assurément n'est apte à le formuler ; rien ne paraît mieux pouvoir le suggérer, en fait, que cette projection lointaine de l'univers romanesque que constitue le commentaire, l'*infinitif* du scénario [8] : les prescriptions

---

7. G. Marcotte, *le Roman à l'imparfait*, Montréal, Éditions la Presse, 1976, p. 17-18.

8. *Neige noire*, en fait, constitue le terme ultime d'un effritement de la forme romanesque qui, depuis *Prochain épisode*, n'a pas cessé de s'accentuer ; le mot même de « roman » ne s'applique plus guère, ici, que dans un sens très affaibli, assez éloigné du modèle auquel songe Gilles Marcotte dans *le Roman à l'imparfait*. C'est pourquoi il est plutôt question dans ces pages de *texte* que de *roman* ; la notion de texte à l'infinitif renvoie en effet à l'ensemble de l'écriture d'Aquin, qui se signale à partir de

de montage, de *lecture* que ce dernier contient parviennent en effet à imposer, sans le nommer, et à développer, sans le décrire, un monde de la pure représentation, un univers où le désir face au désir pourrait être infiniment déployé, s'enfoncer silencieusement dans l'éternité, vers l'Undensacre.

Le texte infinitif de *Neige noire*, ce curieux texte absent dont le sens, désormais, n'apparaît plus que suivant un mode indéterminé (à jamais flottant et neutre) de nomination, constitue en fait chez Aquin la limite d'une expérience de langage que tout, depuis *Prochain épisode*, destinait à se refermer sur elle-même. Après *Neige noire*, du reste, Aquin n'a pas publié tellement de textes : quelques présentations d'ouvrages historiques — probablement écrites depuis un certain temps — aux Éditions du Jour, une lettre à Victor-Lévy Beaulieu, une autre, plus célèbre, à Roger Lemelin, mais plus vraiment de fiction. Tout se passe comme si la finale mystique de *Neige noire* avait avalé le pouvoir d'invention de l'écrivain et confiné son écriture à un univers *déjà écrit* et désormais sans issue, sans épisode subséquent... Dans « Le ventre de la ville », dernière publication à se rapprocher quelque peu encore du style et de l'imaginaire délirants de ses autres textes de création, l'écrivain semble affirmer lui-même son enfermement à l'intérieur de sa propre fiction :

C'est en métro et en auto que je circule délicieusement dans le ventre de Montréal ; ce genre d'introspection mobile me sied. Adieu surfaces ! À moi la noirceur du dedans ! À moi les indiscernables ralentis !
Byron circulait dans un Canaletto, moi j'avance dans un Vasarely. Stendhal s'entourait du Pérugin, moi je me déplace dans une ville mondrianisée. La profondeur de champ a sauté en même temps que la perspective ; la belle imperfection des oeu-

---

1974 par une sorte de décrochage, un abandon assez abrupt de ce qui avait été jusque-là son univers, pour entrer dans une intransitivité, une absence d'objet qui tend à arracher définitivement l'écriture à l'attraction du champ romanesque. Du « roman à l'imparfait » au *texte à l'infinitif* qui est proposé ici pour étudier la fin de l'oeuvre d'Aquin, il y a donc un changement de niveau analytique dont il faut tenir compte et qui est lié chez Aquin — en même temps qu'à la disparition du narrateur de *Neige noire* — à un effacement étonnant de la présence de l'auteur au sein de son oeuvre. Nous aurons l'occasion de reparler de cette question d'ici la fin du chapitre.

vres inachevées me séduit tandis que, par une ironie mordante, j'achève.

Mes personnages de roman sont plus doués que moi pour parler de mes souvenirs montréalais et discourir de façon pertinente. Les narrateurs n'ont vraiment rien à dire, ce sont de simples courtiers en imaginaire [9].

Les deux derniers essais qu'Aquin a consacrés plus spécifiquement à la littérature trahissent, du reste, une réticence extrême de leur auteur à laisser le texte signaler le travail de l'écrivain (cf. « La disparition élocutoire du poète [10] ») et à lui permettre de s'imposer comme parole, comme acte qui « sépare le moi de l'autre, l'individu de sa propre et grisante dissolution dans le groupe [11] ». Dans « Le texte ou le silence marginal ? », Aquin paraît renverser d'une manière définitive le rapport de la parole au monde, nier une fois pour toutes l'écriture comme principe de différenciation (ou d'individuation) et orienter sans retour le texte vers le néant, vers cet espace mystique, infinitif et infini de la marge silencieuse. Désormais, l'être individuel se noie dans l'extase du collectif, de l'indifférencié. Curieux texte en vérité que cet article lui-même ajouré, crénelé par son « silence marginal » :

En fin de compte et somme toute, c'est le néant qui différencie l'être et non pas l'être le néant. La vie n'émerge vraiment que de son contraire absolu. Le néant distingue, tout comme la marge invente le texte.
L'existence est une interpolation.
« Je ne suis pas ce que je suis ». (O.S.)

> Cette dernière phrase, il faut bien l'admettre, confine au meurtre, à moins qu'elle n'en masque un — celui de l'un par le collectif. (...)

Le texte s'écrit continuellement dans le texte ou le long des marges d'un autre texte. Le moi est un intertexte, la conscience du moi un inventaire désordonné — marginalia parfois indiscernable mais pourtant toujours formante, instauratrice. Le fini

---

9. H. Aquin, « Dans le ventre de la ville », Montréal, *le Devoir*, 24 août 1974, p. 10. Repris dans *Blocs erratiques*, p. 183.
10. *Blocs erratiques*, p. 263-267.
11. *Blocs erratiques*, p. 269. L'article en question s'intitule « Le texte ou le silence marginal ? ».

est bordé délicatement par son propre infini ; c'est comme si une ombre lumineuse enveloppait la lumière assombrissante de l'intelligence. (...)

(...) L'histoire individuelle est indissociable de l'aventure cosmique (...) [12].

Le renversement amorcé par *l'Antiphonaire*, et précipité par *Neige noire*, est ici complété ; le néant est symbole, l'immobile est mouvement, le silence extase. L'écriture d'Hubert Aquin, dans ces deux derniers essais, s'enfonce bel et bien au centre de son propre univers, elle disparaît à l'envers des mots, dans l'infini de ce murmure confus qu'elle n'a pas pu étouffer et auquel elle n'a pas su se livrer. Cette oeuvre surchargée éclate enfin au sein de ses significations contradictoires, elle ne résiste plus finalement à la tension — au piège — de son propre sens. C'est dans une sorte d'apocalypse que son univers culbute les coordonnées de l'imaginaire, que le noir devient blanc, et le silence, Tout : les signes échangent leurs significations, circulent librement désormais dans un monde du sens immanent aboli et remplacé par l'Idée, peut-être un peu valéryenne, d'une transcendance sans certitude. Tout cela détermine un désemparement extrême et appelle — désespérément il faut bien le dire — une mystique :

Dieu est seul devant et autour. Et, comme le dit Schiller, « *le milieu est plus consistant que les centres* ». On n'en sort pas et c'est pourquoi j'y reste. J'y reste en attendant la fin d'une suite sans fin. [13]

La suite, inévitablement, devait basculer dans une non-écriture étrange, un avalement absolu de l'oeuvre par l'oeuvre. À la revue *Québec français*, qui lui demandait à l'automne 1976 un texte pour son numéro de décembre, qui lui était en partie consacré, Aquin n'a pu faire mieux que d'envoyer un article peu connu, déjà publié en 1966 par *le Quartier latin* de l'université de Montréal. « L'originalité » (c'était son titre) s'est transformé alors en « Compendium », et un paragraphe de quinze lignes a simplement été ajouté à la version origina-

---

12. *Blocs erratiques*, p. 270-271.

13. « Le texte ou le silence marginal ? », dans *Blocs erratiques*, p. 272. C'est Aquin qui souligne.

le ; dans la marge, fort grande, qui encadre cette seconde parution du texte, on peut lire ce commentaire manuscrit de l'auteur : « Voici un texte qui, par définition, ne vaut rien ! C'est déjà beaucoup ! À toi lecteur d'en savourer, si cela se fait encore, la belle insignifiance [14] ».

Mais subitement, au lendemain de l'arrivée au pouvoir du Parti québécois, Aquin demande à la dernière minute que l'on ajoute à son article un court texte inédit, intitulé « Après le 15 novembre 1976 », dans lequel il déclare que « toute oeuvre littéraire écrite avant le 15 novembre 1976 doit maintenant être réexaminée et perçue selon une nouvelle perspective », parce que « maintenant, précise-t-il, l'histoire a un sens [15] »... Dans cet article, qui précède sans doute de peu sa contribution (discrète) à une « Réflexion à quatre voix sur l'émergence d'un pouvoir québécois [16] », Aquin interprète l'élection du Parti québécois comme le premier temps d'une accession trop longtemps retardée de la collectivité à son réel, à cette possibilité de dénomination dont son oeuvre à lui a profondément manqué :

Je les salue [tous ces « écrivains qui, par le passé, ont axé leur oeuvre dans le sens de l'histoire »] parce qu'ils nous ont appris à nommer notre réalité — parce qu'ils l'ont appelée — et en cela ils ont contribué, comme tant d'autres Québécois, à la genèse de la conscience collective qui s'est exprimée le 15 novembre 1976 [17].

Chose étrange, cependant, il semble que ce soit pour d'autres que lui que cet espace du réel et des noms, cet espace habitable, se soit dégagé. Après *Neige noire*, Aquin ne se délivre manifestement plus d'un imaginaire d'abord subverti, puis dévasté et enfin nié par l'écriture ; maintenant, le regard de

---

14. *Québec français*, Montréal, no 24, décembre 1976, p. 24-25.
15. *Québec français*, décembre 1976, p. 25.
16. *Change* (collectif), Seghers/Laffont, mars 1977 (article écrit en collaboration avec Michèle Lalonde, Gaston Miron et Pierre Vadeboncoeur), p. 5-10.
17. On peut encore lire, plus bas dans l'article du *Québec français* de décembre 1976 : « Maintenant qu'on a nommé l'innommable, l'inconscient collectif se trouve libéré et peut devenir générateur d'une grande décharge d'énergie jusqu'alors contrariée » (p. 25).

l'écrivain se porte, simplement, sur une possibilité qui ne lui appartient plus. La conscience, le désir d'écrire et la puissance sourde que cela communique, tout cela reste intransitif, muet devant le continent neuf... Dans l'article posthume que publiait au début de 1977 la revue *Forces*, Aquin déclare :

> **Le Québec constitue désormais et irréversiblement un pays entièrement ou presque entièrement reconquis ou plutôt en voie de reconquête et jusque dans les moindres détails. Mot à mot, centimètre par centimètre, le texte national s'écrit en même temps que le territoire se reconquiert [18].**

Mais cette affirmation qu'il existe vraiment au Québec une culture française originale s'insère, curieusement, entre de longues descriptions d'un espace que l'écrivain semble contempler de très loin, comme sur une carte, et qu'il n'occupe pas réellement : « Entre les Dormeuses et la baie des Loups, entre le promontoire de Pontchartrain et Napierville, entre la Baie Sèche et Coaticook », s'étend ainsi un territoire enfin reconnu mais qui, à l'instar des innombrables énumérations de lieux contenues dans les romans d'Aquin, confine ici (comme dans *Neige noire* en particulier) à la pure description d'un univers où l'individu est happé par le collectif, le moi par le mystique. Et c'est une région sacrée, fort semblable encore une fois à l'Undensacre de Linda et Eva, que laisse ainsi se déployer — mais pour d'autres, comme un testament — ce texte posthume :

> **L'aventure culturelle française du Québec est fondée sur une immense assise territoriale qui va de l'île du Canard, en passant par le lac Mistassini et le lac Albanel, jusqu'à Baie de Plaisance et, dans une autre direction, depuis Senneterre, en passant par le réservoir Gouin et le lac Achouanipi, jusqu'à l'anse au Portage, mais ce qui compte le plus, c'est que cette aventure collective passe par chacun de nous, transforme nos vies individuelles et les transfigure [19].**

Cette rupture entre l'écrivain et le territoire immense d'un pays arrivé enfin à l'histoire, nul événement politique

---

18. « Le Québec : une culture française originale », *Forces*, no 38, 1er trimestre 1977, p. 38.
19. *Ibid.*, p. 39.

sans doute ne suffit à l'expliquer ; elle était déjà là, contenue en germe dans l'écriture depuis le tout début, et n'attendant pour se manifester que l'occasion d'une démarcation plus ferme entre l'univers plein des mots-écrans et celui, terriblement ouvert, des choses tout à coup proférées, entre le moi aboli et le monde affirmé, entre le refuge flottant du sacré et ce territoire bien réel substitué à l'ailleurs épuisé de la fiction. Dès que ces conditions allaient être réalisées, il était entendu semble-t-il qu'Hubert Aquin n'en serait plus, qu'il refuserait cette proximité inusitée des mots et du réel, cette perspective inquiétante d'une continuité des mondes qui définit parfois aujourd'hui l'espoir et l'effroi de la modernité... Il se pourrait qu'Aquin n'ait pas voulu voir s'ouvrir devant lui une telle continuité des possibles et des voix. Si sa relation d'écrivain au monde — au pouvoir — des signes et des noms s'est inscrite dans la violence et dans la mort, c'est peut-être qu'elle contredisait carrément la relation qui va, à l'inverse, de l'individu aux signes du monde ; les choses, les êtres et les collectivités sont en effet porteurs d'un langage différenciateur qui, tout en conviant le moi à la parole collective, l'oblige du coup à son identité et à son pouvoir, le force brusquement à passer par l'Autre pour arriver à soi, arriver, disait Miron, « à ce qui commence ». Aquin, à l'image de ses propres narrateurs et à la ressemblance d'une nation longtemps minée par l'histoire, aurait en quelque sorte eu peur de sa propre puissance inconnue.

Cette terreur-là, on le sait, fut entière.

L'oeuvre dispersée,
la mort manquante

L'écriture, on le voit maintenant, détient irréversiblement dans l'oeuvre d'Aquin une position qui se situe à la limite extrême de l'ambigu et du contradictoire ; en effet, tout en permettant d'abord d'aller vers le texte et de chercher tout au long de cette avance une certaine désignation de la littérature, elle paraît en revanche sombrer, sitôt que le texte s'est mis en mouvement, dans une occultation plus ou moins consentie de l'oeuvre par d'autres oeuvres, d'autres langages, d'autres visions. Si bien que le texte d'Aquin n'arrive jamais à s'inscrire, à prendre corps dans un univers vraiment *démarqué* ; il y a bien entendu des thèmes, un propos, une « manière » propres à l'écriture du romancier, mais on ne saurait réellement dire que ses textes dessinent tout à fait *leur* univers (thématique, idéologique, esthétique), *leur* mode d'interprétation, de critique ou de transformation du réel.

L'écriture d'Aquin présente bien entendu un code, des plans de l'imaginaire qui lui sont bien particuliers, mais elle n'occupe pas volontiers l'espace de sa propre fiction ; de *Prochain épisode* à *Neige noire*, elle déserte d'ailleurs sans cesse et de plus en plus les dimensions référentielles des textes, leur *histoire* : elle se détourne de son propre monde, de sa propre voix. À mesure que l'on approche de *Neige noire*, en fait, il devient de plus en plus évident que l'écriture romanesque d'Aquin résiste à la pratique de son propre discours, pour lui substituer à l'infini les langages d'autres oeuvres, la caution d'autres arts. Affligée, depuis le début, d'une lucidité mortelle à l'égard de sa propre impuissance, cette écriture se préserve de la confrontation au monde par de multiples enfermements, ou, à l'inverse (mais de la même manière, au fond), aborde la question de la relation à l'Autre par la négative, en remplissant d'une violence terrible l'espace, la scène où elle doit avoir lieu.

155

C'est en traversant d'autres langages, d'autres univers culturels, d'autres magies que l'écriture d'Aquin parvient à se percevoir comme réelle et à distinguer — confusément — « son » univers. Par conséquent, le regard qu'elle porte sur elle-même n'est pas béatement narcissique ; il n'est pas tant un enchantement, une fascination de soi, qu'une tentative (désespérée) de discernement de sa propre existence, qu'il ne fait que poursuivre sans jamais la saisir réellement. Ce qui fascine Aquin, c'est bien la mobilité, la vitesse avec laquelle se tracent, circulent et s'effacent les figures de son discours, frag-ments d'un visage, d'un sens ou d'un nom que le récit n'arrive jamais à formuler en ses propres termes. Cette écriture alors ne possède rien ; ni le pouvoir de nommer, ni celui de taire. Pas même la ressource de faire du silence son propre silence, ni de la mort, sa mort à elle ; son langage est à jamais démuni devant le tumulte du monde : « (...) je continue de laisser libre cours à cette parole superflue. Le superflu est le signe indélébile de la pauvreté et je me sens démesurément pauvre [1] ».

Mais ce langage *existe* pourtant ; des romans, des essais, des articles de toutes sortes traduisent une recherche intense, un travail d'approche incessant et tourmenté de l'oeuvre par l'écriture, *malgré* l'écriture. En cours de route, toutefois, dès que le texte entreprend par le moyen d'une fiction de se donner accès à lui-même et au monde, dès qu'il envisage dans les termes d'un récit le déploiement de ses propres possi-bilités (les risques et les enchantements de *son* imaginaire), ce mouvement vers l'oeuvre se suspend. Le texte, évidemment, n'arrête pas de s'écrire, mais il continue en quelque sorte sur son erre ; plus ou moins privé, dès lors, de cette animation intérieure de l'écrivain (ou du discours) vers son centre, vers ce point de vérité singulière sur lequel s'érige son autorité, le discours se livre plus ou moins complètement aux sollicita-tions d'autres oeuvres, d'autres témoins. Les perspectives alors se multiplient, le lecteur voit devant lui se relayer à l'in-fini les dérivations, les fausses pistes, les évitements par

---

1. H. Aquin, « Le texte ou le silence marginal ? », dans *Blocs erratiques*, p. 271.

lesquels le récit se dispense d'entrevoir son point central, ce vide exigeant d'une mort, d'une disparition qui n'appartiendrait qu'à lui.

Mourir, disparaître sont assurément des thèmes surprésents dans les romans d'Hubert Aquin (et même, dans tous ses autres textes), mais il ne s'agit pas là de termes dont le récit dispose tout à fait à sa guise. À travers les oeuvres d'Holbein le Jeune ou de Jules-César Beausang, à travers le théâtre de Shakespeare ou l'esthétique du Baroque français, à travers le roman policier, la pharmacologie ou le cinéma, la mort est toujours celle des autres, elle est toujours prise en charge par un système de significations (et de valorisations) hérité d'ailleurs. Si toutefois, dans les romans d'Aquin, la mort est à ce point aliénée, *manquante* en dépit de toutes les réitérations dont elle est l'objet, c'est bien parce qu'au fond la naissance même de l'oeuvre romanesque (ou, plus exactement, fictionnelle) ne s'est pas achevée. Elle s'est plutôt bloquée, quelque part au cours de la rédaction du premier roman, dans ce passage étroit qui devait mener l'histoire d'espionnage de *Prochain épisode* du « vécu » (c'est-à-dire d'un référentiel passé, intangible) à l'imaginaire (ce référentiel ouvert, neuf, de la fiction). L'écriture semble s'être engorgée là et s'être condamnée alors à un retour perpétuel sur elle-même, sur sa condition, sur sa limite : elle se vouait dès cet instant à l'enfermement, à « l'impuissance surveillée » (P.E. p. 27). Elle refusait, contrairement au projet global de la modernité, le possible ; ou alors elle ne consentait à l'envisager que sous la tutelle d'un autre imaginaire... Or, la culture et l'érudition d'Hubert Aquin n'étant pas minces, une telle méthode nous renvoie sans cesse d'Aristote à Borges, de la médecine à la philosophie, de la littérature au cinéma, etc. Mais au fond, à travers ces images et ces multiples métaphores de l'oeuvre aquinienne, l'essentiel continue de manquer ; les héros, les narrateurs et leurs récits meurent interminablement de ne pouvoir mourir tout à fait, c'est-à-dire de ne pouvoir poser d'abord les termes de leur propre existence et de ne pouvoir ensuite distinguer le seuil de *leur* disparition. Pas de fin, pas d'origine. Autour des images qu'elle emprunte avec art à tous les langages, l'oeuvre d'Aquin n'arrive pas à traduire son défaut, cette faille qui lui permettrait de s'écrire enfin, de se détourner de la perfection (illusoire) qu'elle s'entête à reconnaître dans tout ce qui n'est pas elle-même, dans tout ce qui lui vient d'ailleurs, de l'autre côté de l'art : celui du symbolique, du permanent, du sacré. L'oeuvre d'Aquin oublie dans son impatience du Sens le risque implicite, l'essentielle lenteur de l'écriture qui veut se donner en entier son propre réel, développer son propre mythe ; elle s'anéantit à sacrifier ainsi, sans relâche, sa parole à d'autres dieux.

Il s'agit à la fois là de suicide et d'immolation, deux morts qui ne cessent pas de solliciter l'écriture du romancier. En effet, en s'offrant sans cesse à la diffraction et au miroitement, celle-ci paraît appréhender derrière son effacement, sa fausse mort, une rédemption certaine [2]. Pourtant, il apparaît très tôt que cette rédemption ne sera pas possible ; une différence radicale sépare en effet l'écriture d'Aquin de la figure rédemptrice, souffrante et glorieuse qui lui sert de modèle. C'est que contrairement à celle du Christ, l'expérience de l'écrivain dans le monde n'est pas souveraine ; son sens ne renvoie pas, comme celui du symbole, à un univers de la plénitude mais à un monde du fragment. Et au milieu de ce vaste morcellement, le texte cesse peu à peu de se vouloir ; il s'abandonne, parfois même avec fureur, à ce qui le sollicite,

---

2. La finale de *Neige noire*, à ce propos, est éloquente. Après le monologue extasié d'Eva, c'est un narrateur en quelque sorte évacué de la situation énonciative qui prend la parole ou, plus précisément, qui se laisse reconduire par elle à la limite du texte. Dans ce passage, placé entièrement entre parenthèses comme s'il ne s'agissait déjà plus que d'un silence déguisé, *en négatif*, on peut en effet lire : « (...) Le Verbe est entré en elle. Celui qui, comme Eva, contemple cette splendeur caverneuse est voué à la mort. Il doit lui aussi mourir chaque fois, renaître et tenter d'aller plus près encore du plérôme que le souffle de l'esprit fait reculer de seconde en seconde. Ce chemin est celui de l'amour ; il passe par les lèvres comme le souffle et s'échappe avec une force lancinante qui, sans agrandir l'embouchure des lèvres, les fait communier avec tout ce qui vibre, avec tout ce qui frissonne, avec tout ce qui vit dans le royaume du Christ » (N.N. p. 253).

Et plus loin :

« Que la vie plénifiante qui a tissé ces fibrilles (...) continue éternellement vers le point oméga que l'on n'atteint qu'en mourant et en perdant toute identité, pour renaître et vivre dans le Christ de la Révélation » (N.N. p. 254).

le fascine et le dépossède lentement de tout [3]. Le pèlerinage se déroule bel et bien à l'envers [4]...

Cette voix de plus en plus absente, cette écriture privée de corps et de projet, que l'on retrouve dans les dernières pages de l'oeuvre (aussi bien celles de l'essai que du roman), c'est inexorablement celle d'un texte lassé, laissé en suspens au milieu de chants étrangers de la mort. Lorsque Eva, dans le dernier monologue de *Neige noire*, murmure d'une voix basse : « et maintenant, je frôle le grand silence dans lequel la vie naît, meurt et renaît à l'échelle cosmique » (N.N. p. 252), ses paroles confirment en quelque sorte l'éclatement du texte dans une dimension abstraite, au creux d'un espace désormais trop vaste pour être occupé, structuré par le sens. Le texte, comme on l'a vu plus haut, renvoie ici à son propre monde indéfini, il se contemple dans l'éternité d'un infini qui n'a commencé nulle part [5]. *Neige noire* et les derniers articles d'Aquin — aussi bien, du reste, que ses tout premiers, publiés dans *le Quartier latin* — compensent ainsi leur chute au sein de l'indéterminé par l'évocation exaltée du cosmique, ils remplacent l'espace inconnu d'une mort qu'ils refusent (et qui n'est pas la leur) par une sorte de contemplation mystique de leurs propres limbes. C'est là que l'oeuvre se déprend, se retire de l'espace de la modernité, là que la voix de l'écrivain, tout en s'exhortant à parler dans cet espace infiniment ouvert, maintenant, de la littérature, se suspend et se neutralise, s'annule

---

3. On trouve, dans *Trou de mémoire* et dans *l'Antiphonaire*, d'innombrables marques de cet abandon hargneux d'un projet romanesque initialement ferme à la dégradation, à la désillusion cynique du narrateur ; comme si, au moment où son dessein allait prendre forme, le texte se dévisageait délibérément, avec une sorte de délectation... On pourra relire, à titre d'exemple, le début du chapitre de *Trou de mémoire* intitulé « Première partie du récit » (p. 19-33), ou encore, dans *l'Antiphonaire*, celui qui commence par « Ici débute le livre... » (p. 17-23).
4. Voir H. Aquin, « Pèlerinage à l'envers », (1949), dans *Blocs erratiques*, p. 21-24.
5. « Le texte s'écrit continuellement le long des marges d'un autre texte. Le moi est un intertexte, la conscience du moi un commentaire désordonné (...) Le fini est bordé délicatement par son propre infini ; c'est comme si une ombre lumineuse enveloppait la lumière assombrissante de l'intelligence » (« Le texte ou le silence marginal ? », dans *Blocs erratiques*, p. 271).

dans une attente indéfinie de l'épisode à venir : celui du Verbe, celui d'une écriture que l'artiste espérait remplie d'un sens absolu. Derrière le chapitre manquant de *Prochain épisode* et les perspectives anamorphiques de *Trou de mémoire*, derrière les secousses épileptiques de *l'Antiphonaire* et le monde négatif de *Neige noire*, c'est toujours en effet le rêve d'un univers plein, d'un Royaume reconstitué qui se profile. L'oeuvre d'Aquin est une recherche désespérée de la Vie, du Chant, du Livre, en même temps qu'une totale terreur du possible, toujours en passe dans l'imaginaire du roman contemporain de devenir — non pas le réel — mais le vrai... On peut voir dès lors se dessiner le conflit : puisque l'écriture d'Aquin ne se livre pas (comme celles de Cortázar, de Blanchot, de Michaux) aux risques, aux croisements imprévisibles de ses propres incertitudes et de ses propres pouvoirs, et qu'elle n'envisage aucunement de s'éprouver comme JEU au sein de ses contradictions, elle se refuse obstinément par là même à son propre pouvoir (et à son propre hasard) au profit d'une vision essentiellement *chiffrée* de l'univers. En se détournant ainsi de l'aléatoire, en refusant de se concevoir comme errance, le texte d'Aquin s'inscrit délibérément en marge de cet espace élargi de la littérature, que l'on pourrait peut-être définir, en reprenant la formule de Malraux, comme un nouvel « imaginaire de l'écrit [6] ». Car c'est bien dans cette écriture du possible, dans cette part exploratoire du langage qui laisse filer, au sein même de l'écriture, une tragique continuité des mondes [7], que s'est installé depuis quelques décennies l'univers du roman contemporain.

------

6. Voir A. Malraux, *l'Homme précaire et la littérature*, Paris, Gallimard, 1977, p. 85 à 107.
7. Les catégories d'Aristote ou de Kant, et bien sûr les principes de la distinction des styles ou des genres ne tiennent plus guère. Cela, comme l'a démontré E. Auerbach (*Mimésis*, Paris, Gallimard, 1977), n'est pas précisément un phénomène récent. Mais aujourd'hui, par le descellement du fictif de son statut de *simple* fiction (plus encore que par l'ébranlement des catégories grammaticales ou syntaxiques) les niveaux et les limites du discours ont glissé légèrement les uns par-dessus les autres, et un sens *déstabilisé* du réel peut désormais circuler, comme en transparence, à travers les aires autrefois étanches (le corps et l'esprit, le réel et le rêve, l'authentique et l'artificiel, le faux et le vrai, etc.) de l'imaginaire.

Écrire, ce n'est plus tant se mouvoir à l'intérieur de normes canoniques, accorder subtilement son langage à la langue d'un ordre social ou d'un règne. Aujourd'hui, cela évoquerait plutôt une audace qu'une patience, et pourrait peut-être se traduire non plus par l'application, mais par l'invention d'un langage (celui de la fiction aussi bien que de l'essai) qui donne infiniment à *relire*. Plus tout à fait Racine ou Corneille, Chateaubriand ou Musset, donc, mais plutôt Bataille, Eliade, Ionesco, Barthes ; et par eux, à nouveau, les classiques : circulation continue du sens. Depuis l'époque de la deuxième grande guerre, en effet, l'écriture romanesque désapprend pour de bon le langage de la Rhétorique, ce « beau parler » qu'elle pratiquait encore avec Gide, Valéry, Montherlant, et s'initie, avec Borges aussi bien qu'avec les écrivains du Nouveau Roman, à celui de la Bibliothèque [8]. Michel Foucault, opposant ici encore l'espace du langage classique à celui qui s'est constitué de nos jours, explique ainsi cette mutation :

La Rhétorique répétait sans cesse, pour des créatures finies et des hommes qui allaient mourir, la parole de l'Infini qui ne passerait jamais. Toute figure de Rhétorique, en son espace propre trahissait une distance, mais faisant signe à la parole première, prêtait à la seconde la densité provisoire de la révélation. Aujourd'hui l'espace du langage n'est pas défini par la Rhétorique, mais par la Bibliothèque [9].

---

8. Cette réflexion, empruntée aux analyses de Michel Foucault (voir note 9), devrait par ailleurs nous rappeler que certains critiques (de Genette à Kristeva) et plusieurs essayistes (de Foucault lui-même à Derrida, Barthes) ont singulièrement contribué à l'élaboration de ce nouveau langage, à ce décloisonnement spectaculaire de l'écriture et de la pensée. Ce n'est pas tout en effet de dire que le sens (l'espace) de l'écriture s'est transformé ; il faut aussi rappeler que celui de la *lecture* a été, lui aussi, profondément modifié : nous avons peu à peu appris — nous apprenons encore — à lire la Bible, Rabelais, les classiques, en transparence, dans l'inépuisable intuition du *vrai* texte, pour ainsi dire... La critique elle-même, à travers ses innombrables essais de déchiffrement — de lecture, justement — des oeuvres et des sociétés, est animée d'une curiosité qui questionne le fonctionnement *global* des signes et qui l'amène maintenant, d'une manière parfaitement conséquente, à se lire elle-même comme fiction.
9. M. Foucault, « Le langage à l'infini », dans *Tel quel*, automne 1963, no 15, p. 52-53.

Et plus bas :

La littérature commence (...) (désormais) quand le livre n'est plus l'espace où la parole prend figure (figures de style, figures de rhétorique, figures de langage), mais le lieu où tous les livres sont repris et consumés (...) [10].

Ce passage de l'espace clos de la Rhétorique à celui — infini — de la Bibliothèque suggère entre autres choses que la littérature, quelle qu'elle soit, n'a plus de fin *démonstrative* ; qu'elle ne désigne plus, en d'autres termes, un état social, une hiérarchie ou un pouvoir qui lui seraient extérieurs (et dont elle ferait en quelque sorte la preuve), mais tend plutôt à illustrer maintenant une sorte d'excès de pouvoir des mots *seuls*. Elle exemplifie constamment désormais son propre pouvoir de parler sans limites et sans fin, sa propre tâche de circuler au delà d'elle-même, de se dépasser et de s'englober dans sa propre parole. La littérature contemporaine, au coeur de la Bibliothèque, s'inscrit ainsi dans un espace de la démesure qui s'exprime, aujourd'hui, par une tentation de l'érotisme et de la violence à laquelle bien sûr Aquin n'a pas échappé, mais dont son oeuvre cependant n'a jamais pu se distancier.

On ne saurait trop soutenir, pour autant, que les romans d'Aquin sont des textes strictement limités à « l'espace de la Rhétorique » ; bien entendu, il est parfaitement possible de rappeler — comme le fait d'ailleurs Françoise Iqbal [11] — l'importance du « rôle générateur [12] » que tient, à l'intérieur du discours romanesque aquinien, le répertoire des principales figures de la rhétorique classique, mais cela ne prouve absolument rien. De toute façon, chez Aquin, les principes de représentation et les théories esthétiques qui se partagent l'écriture sont appelés, au fur et à mesure que l'oeuvre évolue, à se neutraliser ; le champ clos de la représentation classique est miné par l'éclatement des perspectives du récit, et le langage policé de la rhétorique constamment ébranlé par un désir vio-

---

10. M. Foucault, « Le langage à l'infini », dans *Tel quel*, automne 1963, no 15, p. 53.
11. F. Maccabée-Iqbal, *Hubert Aquin romancier*, P.U.L., 1978, 288 p.
12. *Ibid.*, p. 148-154.

lent de transgresser ce système qui dit à la fois trop et trop peu. Il ne serait donc pas plus défendable de confiner l'oeuvre d'Aquin à l'espace restreint de la Rhétorique que de la vouer tout entière à celui, aléatoire et démesurément ouvert, de la Bibliothèque ; l'écriture d'Aquin, toutefois, s'apparente mieux aux techniques classiques qu'aux techniques modernes de représentation, encore que la notion de classicisme, telle qu'on l'emploie ordinairement pour parler de la fin du XVIIe siècle (et telle que l'utilise aussi Foucault), serait peut-être ici à revoir. Il semble en effet que ce que nous considérons aujourd'hui, nous, comme « classique » soit sur le point d'englober ce qui, jusqu'à la Renaissance, a précédé le classicisme, soit prêt également à déborder, jusqu'au milieu du XIXe siècle, sur ce qui l'a suivi. Les romans de Balzac, par exemple, pourraient être considérés en un certain sens chez Aquin comme un modèle de représentation classique au même titre que le théâtre de la Renaissance, l'architecture baroque ou la peinture d'Hans Holbein. Ferragus et Hamlet se croisent, dans cette oeuvre, au sein d'une vision globale de l'art qui serait fondée, à l'image du classicisme proprement dit, sur une esthétique fonctionnelle et sur une tradition liées au langage d'un corps social, d'une idéologie ou d'une vision du monde, et tirant de celles-ci un pouvoir qu'elles leur retourneraient grandi, sublimé par sa représentation même, étanchement autotélique.

Aquin, dans ses romans — dans tous ses textes — ne dévie jamais de ce principe, il ne consent jamais à détourner son discours de sa propre représentation. À la ressemblance du texte classique, en effet, le texte aquinien cherche bel et bien dans le miroir le blottissement de sa propre existence, et à l'encontre de celui de la modernité, il refuse aussi longtemps qu'il le peut le morcellement de cette ressemblance, cela même qui le rendrait à une aléatoire pratique de l'altérité, de la différence [13]. C'est bien pour éviter de pulvériser

---

13. Pierre Nepveu écrit : « La littérature moderne n'a pas cessé de cultiver cette « aliénation », cette étrangeté qui se transforme ultimement en vérité » (les Mots à l'écoute, p. 7). Et plus loin : « Ici comme ailleurs, dans la modernité, l'étrangeté reconduit à la proximité » (ibid., p. 8) ; ceci, encore une fois, désigne un terme du discours que l'écriture d'Aquin n'envisage pas.

l'espace fragile de sa représentation que cette écriture recherche la correspondance plutôt que l'identité réelle et qu'elle préfère, comme on l'a déjà constaté, la figure au nom.

Il n'y a pas, du reste, que la métaphore, l'antithèse ou l'hyperbole qui traduisent cette préférence : Holbein, les Baroques, Shakespeare ou *Hamlet* deviennent eux aussi chez Aquin des figures qui s'ajoutent au répertoire connu de la rhétorique et qui toutes ensemble composent une sorte de gigantesque périphrase des notions d'Oeuvre et d'autorité, un spectaculaire évitement de la parole singulière qui conduit l'écriture, après l'épuisement de toutes les ressources de la distanciation et du dédoublement, au silence neutre — presque soulagé — du néant. L'oeuvre d'Aquin est davantage attirée par la puissance, la stature de certaines voix qui lui ressemblent, que par les mondes qui s'y déploient ; davantage par Homère, Joyce, que par Ulysse, et plutôt par Paracelse que par l'alchimie... Toutes ces expériences, ici, sont unanimes à imposer un même silence à ceux qu'elles fascinent ; elles obligent celui qui écrit, qui lit à laisser au seuil de *leur* monde son monde à lui, elles annulent — comme le chant des sirènes — tout pouvoir privé : aussi bien celui d'écrire, de maîtriser le Chant, que celui de l'égaler. À celui qui s'y abandonne, en fait, cette fascination des autres voix ne laisse plus qu'un désir indistinct et creux de la mort, l'envie d'une immolation confuse de la parole, offerte dans « un murmure de joie » (N.N. p. 252) au gouffre mystique : ce silence de l'oeuvre qui n'appartient pas vraiment à l'oeuvre, cette mort qui n'est pas vraiment la sienne [14], mort de soi dans l'Autre, avale-

14. Ceci rappelle, inévitablement, la mort *usurpée* de Sylvie Lewandowski et la chute de son corps dans le vide d'un précipice, non loin de Ny Alesund ; image même de la profération (profanation) du nom et du sacré, l'existence de Sylvie a dû être sacrifiée à une mystique noire, celle de Nicolas. L'inceste avec le père, qui aurait dû protéger Sylvie de toute relation ouverte avec le monde et lui assurer l'immunité du langage et du corps, reste inopérant dès qu'il est révélé, *dit* : Sylvie mourra bâillonnée et mutilée. En fait, cet inceste a lui-même été contaminé par une mort supérieure, presque abstraite : la *nécessité* de la mort devant l'infini, la persistance du désir. On peut remarquer, du reste, que lorsque le plaisir physique de Sylvie est évoqué à travers le désir de Nicolas, des images de sa mort se superposent en plusieurs endroits de la trame filmique à celles de sa jouissance, comme pour l'effacer, ou tout au moins la contenir...

ment de l'individuel par le collectif [15].

Située quelque part entre les langages du classicisme et de la modernité, l'oeuvre d'Aquin ne se définit donc ni par la Rhétorique, ni par la Bibliothèque, mais plutôt par le lieu où celles-ci se renvoient l'une à l'autre leurs images : l'espace du miroir, précisément, cette surface-profondeur au fond de laquelle circulent et s'échangent, dès que quelqu'un veut les *lire*, les versions tourmentées d'un seul et même Chant : celui de la Culture, espoir sans fin d'une vraie Mort ouverte, comme celle d'Orphée, sur l'éternité.

Aquin était parmi tout cela, occupé à recomposer le puzzle, les images : sa propre oeuvre dispersée.

---

15. « L'histoire individuelle est indissociable de l'aventure cosmique et (...) le sens mystique se glisse précisément à la charnière du moi et du collectif (...) Saint Paul a dit : «Heureux le monde qui finira dans l'extase ». » (« Le texte ou le silence marginal ? » dans *Blocs erratiques*, p. 271).

Conclusion

« N'écris rien sur la neige. »

(Pythagore, cité en exergue à *Point de fuite*, p. 8.)

Les dieux absents

« Écrire, a dit Maurice Blanchot, commence avec le regard d'Orphée [1] », c'est-à-dire avec ce geste qui ouvre à la fois, devant le poète, l'espace du Chant et celui de la mort, et qui dévoile dans « le pur mouvement de mourir [2] » une seule et même présence du commencement et de la fin : celle de l'Oeuvre, mort absolue qui porte l'écrivain, l'artiste, derrière l'Origine, vers cette nuit dans laquelle l'art enfin peut commencer à parler *son* langage.

L'oeuvre dit ce mot, commencement, et ce qu'elle prétend donner à l'histoire, c'est l'initiative, la possibilité d'un point de départ. Mais elle-même ne commence pas. Elle est toujours antérieure à tout commencement, elle est toujours déjà finie [3].

Nous reconnaissons bien dans ce paradoxe la pensée « relativiste » de Blanchot, toujours partagée entre le caractère décisif des actes et le déroulement infini des concepts, et occupant à la fois dans un ample retour sur elle-même l'espace de son refus et celui de son consentement à la mort, à cette mort vraie dont le sens englobe toute origine et toute fin. Cette réflexion — toute l'oeuvre de Blanchot, en fait — est à l'image du langage lui-même : simultanément ouverte et fermée. Son fonctionnement ne peut, semble-t-il, être saisi que *de l'intérieur*, par un recours constant à ses propres figures, à son propre lexique. Pourtant, une telle oeuvre parle au fond d'elle-même le langage de *toute* oeuvre ; son regard se pose sur tout, elle formule sans détour ce que la plupart des autres textes ne font que contenir implicitement, muettement. L'isolement, l'angoisse ou la détresse de la pensée devant cet infini circulaire du langage, l'imaginaire retourné par l'absence des dieux,

---

1. M. Blanchot, *l'Espace littéraire*, Paris, Gallimard, 1955, p. 234.
2. *Ibid.*, p. 185.
3. *Ibid.*, p. 308-309.

cela ne semble dégager devant nous que l'obscure vérité de la mort, l'élan terrifié de l'art vers le murmure de son éternité : c'est bien avec Blanchot que l'expérience de la littérature s'est ouverte à la faille fondamentale de la conscience moderne et qu'elle nous a livrés, écrivains ou lecteurs, au creux d'une incertitude infinie du monde et du moi, dans cet espace, précisément, où se multiplient aujourd'hui les terreurs et les jeux du possible.

Ce que l'on appelle, faute d'un mot plus précis, la modernité de l'art repose là, dans cette fissure du réel, cette insuffisance nouvelle des concepts auxquels la raison, la foi avaient depuis si longtemps coutume de s'appuyer ; non plus le seul chant d'Orphée, donc, mais aussi — mais surtout — cet instant où le chant s'oublie et se perd dans la contemplation d'Eurydice. Au moment où le sol se dérobe et où Eurydice perdue retourne en arrière, vers le gouffre, une infernale vérité s'impose tragiquement à la conscience et désintègre tout le réel, le concret, le corps même d'Eurydice : la *nécessité* de la mort s'est ainsi inscrite au fond de toutes les cultures, de toutes les pratiques sociales, de toutes les religions de l'Occident. Et c'est bien dans ce geste, ce saisissement stupéfié d'Orphée (dans le mouvement suspendu de son regard, de sa voix, de ses mains) que se dévoile le sort nouveau de l'art. Auparavant, les romans de Balzac ou de Madame de La Fayette, les pièces de théâtre de Corneille ou les poèmes de Hugo pouvaient assurer à la parole la perspective d'une éloquente continuité, l'écho durable, impressionnant, d'un sens plein de certitudes. Toutes les oeuvres s'avançaient en quelque sorte vers l'idée, la phrase, la formule qui sauraient les résumer en entier, embrasser d'un seul regard l'ensemble de leurs significations et les promettre sans aucune hésitation à un épanouissement fondé sur leur propre pouvoir de durer. De la fin de la période baroque jusqu'au théâtre de Tchekhov, un nombre incalculable d'oeuvres se sont pour ainsi dire drapées (comme la finale de *l'École des femmes* qui, prise au hasard, peut ici servir d'exemple) dans un noble repli du contenu sur le caractère accompli, achevé du langage :

CHRYSALDE
Allons dans la maison débrouiller ce mystère,

Payer à notre ami ses soins officieux,
Et rendre grâce au Ciel qui fait tout pour le mieux [4].

De l'époque classique au début de ce siècle, l'espace de
la littérature semble avoir partagé de manière ininterrompue
la consistance, la vraisemblance canonique qui s'imposait au
langage de toutes les oeuvres, cette cohérence *lisible* que tout
discours devait posséder ; le lecteur attendait ainsi du texte
qu'il s'érige, à la fin, comme un monument, qu'il étende
autour de lui, *après* lui, une zone certaine de puissance, d'autorité souveraine. Maintenant, à l'inverse, il apparaît plutôt
que l'écriture est à la recherche du manque même qui la
compromet et que l'oeuvre ne songe plus à s'inscrire désormais que dans l'espace neigeux de sa disparition : celui d'une
incertitude mystérieuse du discours, cette ligne de mort du
langage dont l'écriture s'approche délicatement, comme en
tremblant. L'univers du texte n'est plus structuré par une logique habituelle, habité par un sentiment ordinaire des choses.
Il ne manque cependant pas de saisir, d'inquiéter. Ce qu'il
prophétise, ce qu'il voit, et qui n'est pas élucidable, ne saurait
désormais être conjuré par rien. Mais qu'est-ce à dire ?
Quelque sort étrange nous sera-t-il jeté ? — Non. Cela a *déjà*
lieu, l'envoûtement a déjà commencé, nous le voyons : dans
les couloirs sans nombre de la Bibliothèque, une infinité de
portes s'ouvrent, interminablement, sur un univers de la mort
toujours prochaine, sur le recommencement qui inlassablement nous mène à elle, jusqu'à la limite. Écrire, dans
« l'absence des dieux » dont parle Blanchot, ne va plus vers le
ravissement, mais vers la chute. Ce n'est plus là, au fond,
qu'une pratique violente de l'erreur, une sorte de perpétuation
impuissante — tantôt agressive et tantôt sereine — du geste
qui a redonné Orphée à la solitude et à l'errance, mais qui
en revanche a rendu son chant immortel, éternel du fond de la
mort même.

Par le biais de cet acte impie de l'artiste (par son
erreur à peine consentie, mais déjà voisine de la mort),
l'art moderne semble bien avoir inauguré une ère inattendue

---

4. Molière, *l'École des femmes*, dans *Théâtre complet*, t. 11, Livre de Poche
classique, Paris, 1963, p. 82.

de l'apocalypse : celle des dieux, dont l'absence aurait peu à peu permis selon Blanchot d'affronter ce vide où la parole manque de tout, où elle ne commence qu'en approchant de sa mort.

Il semble que l'art doive à la disparition des formes historiques du divin le tourment si étrange, la passion si sérieuse dont on le voit animé. Il était le langage des dieux, et les dieux ayant disparu, il est devenu le langage où s'est exprimée leur disparition, puis celui où cette disparition elle-même a cessé d'apparaître. Cet oubli est maintenant ce qui parle seul. Plus profond est l'oubli, plus la profondeur parle dans ce langage, plus la profondeur de cet abîme peut devenir l'entente de la parole.

On peut encore lire, plus bas :

Le propre, la force, le risque du poète est d'avoir son séjour là où il y a défaut de dieu, dans cette région où la vérité manque. *Le temps de la détresse* **désigne ce temps qui, en tout temps, est propre à l'art, mais qui, lorsque historiquement les dieux manquent et que le monde de la vérité vacille, émerge dans l'oeuvre comme le souci dans lequel celle-ci a sa réserve, qui la menace, la rend présente et visible** [5].

Dans l'oeuvre d'Hubert Aquin, depuis « Les fiancés ennuyés [6] » jusqu'à *l'Antiphonaire*, ce « temps de la détresse » ne cesse pas de durer, de manifester dans une sorte d'affolement esthétique la chute probable des dieux. Mais d'autre part, et tout particulièrement à partir de *l'Antiphonaire*, il semble que l'oeuvre se mette à résister au sentiment de cette absence. Elle n'accepte pas, devant l'impuissance de son langage à élaborer une représentation *entière* de son propre sens (cet espace désormais clos de la représentation classique), que ses dieux vacillent ; elle les remplace donc interminablement, frénétiquement par d'autres : d'autres obsessions, d'autres ferveurs, d'autres morts. *L'Antiphonaire*, « L'écrivain et les pouvoirs [7] », « La disparition élocutoire du poète [8] », *Neige noire*

---

5. M. Blanchot, *l'Espace littéraire*, p. 355. C'est Blanchot qui souligne.
6. H. Aquin, *Blocs erratiques*, p. 17.
7. H. Aquin, *Blocs erratiques*, p. 153.
8. *Ibid.*, p. 263.

(etc.) en témoignent chacun à sa manière : l'écriture d'Aquin ne trouve absolument pas dans son manque de dieu cette issue qui lui permettrait de se livrer à sa propre errance. Elle tourne le dos à ce monde de la vérité manquante pour atteindre, dans un sentiment avoué de l'artificiel et du faux (on n'a qu'à relire les dialogues de *Neige noire*), une authenticité nouvelle, maudite, de l'oeuvre d'art ; la pratique violente de l'échec devient la seule réalité qui ne se dérobe pas, le seul sacré (mais noirci, satanisé) qui résiste au monde.

Il n'est plus possible de prendre *en défaut* les derniers textes d'Aquin ; tout leur manque en effet *déjà*, mais ils trouvent dans l'affirmation rageuse de ce manque le moyen de se contenir encore, de refuser toujours que leur langage ne les livre à cet espace que la présence des dieux ne comble plus de son Sens, cet espace où, à nouveau, tout doit commencer.

Mais ce commencement, nous le savons, n'aura pas lieu ; l'oeuvre ne se rendra pas à son épisode fondamental, originel. Il faudra plutôt, à mesure qu'elle essaiera de couvrir sa propre absence, la voir changer en mystique de la mort sa propre fin manquante, voir l'incertitude sombre des commencements se muer en un aveuglement ébloui du vide, s'émouvoir dans l'enchantement du néant.

Bibliographie

OEUVRES D'HUBERT AQUIN

1) *Les romans*

Prochain épisode, Cercle du Livre de France, Montréal, 1965, 176 p.
Trou de mémoire, Cercle du Livre de France, Montréal, 1968, 208 p.
L'Antiphonaire, Cercle du Livre de France, Montréal, 1969, 250 p.
Neige noire, Éditions La Presse, coll. « Écrivains des deux mondes », Mont-
  réal, 1974, 254 p.

2) *Les recueils de textes*

Point de fuite, Cercle du Livre de France, Montréal, 1971, 164 p.
Blocs erratiques, Éditions Quinze, coll. « Prose entière », Montréal, 1977,
  284 p.

3) *Articles de journaux, de revues et autres textes*

« Les fiancés ennuyés », *le Quartier Latin* *, vol. 31, no 20, 10 décembre
  1948, p. 4.
« Pèlerinage à l'envers », *Q.L.*, vol. 31, no 30, 15 février 1949, p. 3.
« Envers de décor », *Q.L.*, vol. 31, no 33, 25 février 1949, p. 3.
« Éloge de l'impatience », *Q.L.*, vol. 32, no 14, 19 novembre 1949, p. 3.
« Discours sur l'essentiel », *Q.L.*, vol. 32, no 20, 9 décembre 1949, p. 1.
« Le jouisseur et le saint », *Q.L.*, vol. 32, no 24, 24 janvier 1950, p. 1.
« Pensées inclassables », *Q.L.*, vol. 32, no 24, 24 janvier 1950, p. 2.
« Tout est miroir », *Q.L.*, vol. 32, no 32, 21 février 1950, p. 7.
« Le corbeau », *Q.L.*, vol. 32, no 33, 24 février 1950, p. 4.
« L'équilibre professionnel », *Q.L.*, vol. 32, no 38, 14 mars 1950, p. 1.
« Le Christ ou l'aventure de la fidélité », *Q.L.*, vol. 32, no 40, 21 mars
  1950, p. 4.
« Sermon d'avant-garde », *Q.L.*, vol. 33, no 3, 10 octobre 1950, p. 3.
« Son témoignage », *Q.L.*, vol. 33, no 4, 13 octobre 1950, p. 1.
« Sur le même sujet » (« L'écrivain est-il responsable ? »), *Q.L.*, vol. 33,
  no 6, 20 octobre 1950, p. 3.
« Le dernier mot », *Q.L.*, vol. 33, no 7, 24 octobre 1950, p. 2.
« Mise au point avec le *Haut-Parleur* », *Q.L.*, vol. 33, no 8, 27 octobre 1950,
  p. 1.
« L'Assomption 'Vérité implicitement révélée' », *Q.L.*, vol. 33, no 11, 7
  novembre 1950, p. 1.

---

* Pour *le Quartier Latin*, le sigle *Q.L.* sera utilisé.

« Précision sur une note du *Devoir* », *Q.L.*, vol. 33, no 12, 10 novembre 1950, p. 1.

« Massacre des 5 innocents », *Q.L.*, vol. 33, no 14, 17 novembre 1950, p. 3.

« Mais tout de même », *Q.L.*, vol. 33, no 16, 24 novembre 1950, p. 3.

« La science ou l'amour ? », *Q.L.*, vol. 33, no 21, 12 décembre 1950, p. 3.

« Europe 1950 » et « Une recherche de la fraternité », *Q.L.*, vol. 33, no 23, 19 décembre 1950, p. 1 et 3.

« *Le Quartier Latin*, premier coureur », *Q.L.*, vol. 33, no 24, 19 janvier 1951, p. 1.

« Drôle de bilinguisme », Q.L., vol. 33, no 25, 23 janvier 1951, p. 1.

« J'ai la mer à boire », *Q.L.*, vol. 33, no 26, 26 janvier 1951, p. 1.

« Procès de François Hertel », *Q.L.*, vol. 33, no 26, 26 janvier 1951, p. 3.

« Enfin, l'aide fédérale », *Q.L.*, vol. 33, no 30, 9 février 1951, p. 1.

« Rendez-vous à Paris », *Q.L.*, vol. 33, no 32, 16 février 1951, p. 4.

« Recherche d'authenticité », *Q.L.*, vol. 33, no 36, 2 mars 1951, p. 4, p. 6.

« Nos feuilles de chou », *Q.L.*, vol. 33, no 38, 9 mars 1951, p. 1.

« Complexe d'agressivité », *Q.L.*, vol. 33, no 39, 13 mars 1951, p. 1.

« Les miracles se font lentement », *Q.L.*, vol. 33, no 40, 16 mars 1951, p. 1.

« Les rédempteurs », *Écrits du Canada français*, vol. 5, Montréal, 1959, p. 45-114.

« Qui mange du curé en meurt », *Liberté*, vol. 3, nos 3-4, mai-août 1961, p. 618-622.

« Comprendre dangereusement », *Liberté*, vol. 3, no 5, novembre 1961, p. 679-680.

« LE bonheur d'expression », *Liberté*, vol. 3, no 6, décembre 1961, p. 741-743.

« Préambule », *Liberté*, vol. 4, no 21, mars 1962, p. 66.

« Problèmes politiques du séparatisme », extraits d'un discours prononcé en mars 1962 au Colloque de l'hôtel Windsor (Archives du R.I.N., Bibliothèque nationale).

« L'existence politique », *Liberté*, vol. 4, no 21, mars 1962, p. 67-76.

« Pour un prix du roman », *Liberté*, vol. 4, no 22, avril 1962, p. 195-197.

« Les Jésuites crient au secours », *Liberté*, vol. 4, no 22, avril 1962, p. 274-275.

« La fatigue culturelle du Canada français », *Liberté*, vol. 4, no 23, mai 1962, p. 299-325.

« Essai crucimorphe », *Liberté*, vol. 5, no 4, juillet-août 1963, p. 323-325.

« Les jeunes gens en colère » et « Nous voulons nous séparer », *la Gazette littéraire*, vol. 166, no 204, Lausanne, 31 août-1er septembre 1963, p. 15.

« Critique d'un livre écrit par un ami », *Liberté*, vol. 6, no 1, janvier-février 1964, p. 73-74.

« Commentaires I », dans « Littérature et société canadiennes-françaises », *Recherches sociographiques*, vol. 5, nos 1-2, janvier-août 1964, p. 191-193.

« Propos sur l'écrivain », inédit, 1964.

« Profession : écrivain », *Parti pris*, vol. 1, no 4, janvier 1964, p. 23-31. Repris dans *Point de fuite*, Cercle du Livre de France, Montréal, 1971, p. 47-59.

« Le corps mystique », *Parti pris*, vol. 1, no 5, février 1964, p. 30-36. Repris dans *le Jour*, vol. 1, no 8, 25-31 mars 1977, p. 39-40.

« Le basic bilingue », *Liberté*, vol. 6, no 2, mars-avril 1964, p. 114-118.

« Le pont — VIII », *Liberté*, vol. 6, no 3, mai-juin 1964, p. 214-215 (pseudo-nyme : Elga von TOD).

« Présentation », *Liberté*, vol. 7, nos 1-2, janvier-avril 1965, p. 2 (signé : Liberté).

« L'art de la défaite », *Liberté*, vol. 7, nos 1-2, janvier-avril 1965, p. 33-41.

« Calcul différentiel de la contre-révolution », *Liberté*, mai-juin 1965, vol. 7, no 3, p. 272-275.

« Préface à un texte scientifique », *Liberté*, vol. 8, no 1, janvier-février 1966, p. 45.

« L'originalité », *le Cahier* (supplément au *Quartier Latin*), vol. 11, no 14, 3 février 1966, p. 3.

« Éloge de la mini-jupe », *Liberté*, no 45, mars-juin 1966, p. 184.

« Next episode », *Maclean's Magazine*, vol. 79, juin 1966, p. 16-17, 66.

« Trou de mémoire » (extraits), *Liberté*, vol. 8, nos 5-6, septembre-décembre 1966, p. 46-56.

« Théâtre supérieur », *les Lettres nouvelles*, Paris, décembre 1966-janvier 1967, p. 8, 177, 188.

« Une rencontre dans la nuit », *Un siècle de littérature canadienne*, Éditions HMH, Montréal, 1967, p. 458-462.

« Nos cousins de France », *Liberté*, no 49, janvier-février 1967, p. 76-78.

« Un Canadien errant », *le Magazine Maclean*, vol. 7, no 4, avril 1967, p. 20, 52, 54, 56, 58.

« Hubert Aquin raconte comment il a été expulsé de Nyon », *le Jura libre*, vol. 19, no 868, 31 mai 1967, p. 15.

« Prochain épisode» (extraits), *Maintenant*, nos 68-69, 15 septembre 1967, p. 226.

« Un âge ingrat », *Liberté*, no 54, novembre-décembre 1967, p. 66-68.

« Notes de lecture », *Liberté*, no 55, janvier-février 1968, p. 72-73.

« A writer's view of the situation (in) Québec » (inédit), texte d'une confé-rence donnée à Buffalo le 23 mars 1968.

« L'affaire des deux langues », *Liberté*, no 56, mars-avril 1968, p. 5-7.

« Notes de lecture », *Liberté*, no 56, mars-avil 1968, p. 68-69.

« Quelle part doit-on réserver à la littérature québécoise dans l'enseigne-ment de la littérature ? », *Liberté*, no 57, mai-juin 1968, p. 73-75.

« Littérature et aliénation », *Mosaic*, vol. 2, no 1, Winnipeg, automne 1968, p. 45-52.

« La littérature québécoise ; Michel Brunet », *Liberté*, nos 59-60, septem-bre-décembre 1968, p. 84.

« Trou de mémoire » (extraits), *Québec 68*, vol. 5, no 14, Paris, octobre 1968, p. 107-109.

« Un ancien officier du RIN regrette sa disparition », *la Presse*, vol. 84, no 258, 5 novembre 1968, p. 4.

« Introduction », *Histoire de l'insurrection au Canada*, suivi de *Réfutation de l'écrit de L.-J. Papineau*, par Sabrevois de Bleury, Leméac, Montréal, 1968, p. 9-31.

« Dictionnaire politique et culturel du Québec », *Liberté*, no 61, janvier-février 1969, p. 23, 43, 44, 46, 53.

« De retour le 11 avril », *Liberté*, no 62, mars-avril 1969, p. 5-21. Repris, dans une version quelque peu différente, dans *Point de fuite*, Cercle du Livre de France, Montréal, 1971, p. 145-159.

« Refus d'Aquin... », *la Presse*, vol. 85, no 103, 3 mai 1969, p. 32.

« La mort de l'écrivain maudit », *Liberté*, mai-juin-juillet 1969, nos 63-64, p. 33-34, 35-36, 38, 42-43.

« Notes de lecture », *Liberté*, no 65, août-septembre 1969, p. 65.

« Un fantôme littéraire », *le Devoir*, 11 octobre 1969, p. 13.

« Table tournante », *Voix et images du pays II*, Éditions Sainte-Marie, Montréal, 1969, p. 143-194.

« Aquin : 'Une joie profonde' », *la Presse*, 7 février 1970, p. 30.

« Considérations sur la forme romanesque d'*Ulysse*, de James Joyce », *l'Oeuvre littéraire et ses significations*, P.U.Q., Montréal, 1970, p. 53-66.

« Conférence » (inédit), texte d'un discours prononcé à Drummondville, 1970.

« 24 heures de trop », *Voix et images du pays III*, P.U.Q., Montréal, 1970, p. 279-336.

« L'écrivain et les pouvoirs », *Liberté*, vol. 13, no 2, mai-juin-juillet 1971, p. 89-93.

« Les séquelles de la IXe Rencontre des écrivains. Pourquoi j'ai démissionné de la revue *Liberté* », *le Devoir*, 3 juin 1971, p. 12.

« Éléments pour une phénoménologie du sport », *Problèmes d'analyse symbolique*, coll. « Recherches en symbolique », no 3, P.U.Q., décembre 1971, p. 115-144.

« Constat de Quarantine », *Point de mire*, vol. 3, no 14, mai 1972, p. 34-36.

« Le choix des armes », *Voix et images du pays IV*, P.U.Q., Montréal, 1972, p. 189-237.

« De Vico à James Joyce, assassin d'Ulysse », *le Devoir*, 10 novembre 1973, p. 22.

« Résistance contre la tristesse » (extraits de *Prochain épisode*), *Anthologie du roman canadien-français*, de Gérald Moreau, Montréal, Lidec, 1973, p. 211-213.

« Présentation », *Notes d'un condamné politique de 1838*, de F.X. Prieur, et *Journal d'un exilé politique aux terres australes*, de L. Ducharme, Éditions du Jour, Montréal, 1974, 245 p.

« Le joual-refuge », *Maintenant*, no 134, mars 1974, p. 18-21.

« La disparition élocutoire du poète (Mallarmé) », *Cul-Q*, été-automne 1974, nos 4-5, p. 6-9.

« Dans le ventre de la ville », *le Devoir*, 24 août 1974, p. 10.

« Présentation », *la Rébellion de 1837 à Saint-Eustache*, de Maximilien Globensky, Éditions du Jour, Montréal, 1974, p. 7-9.

« Hubert Aquin et le jeu de l'écriture », interview d'A. Gagnon, *Voix et images*, vol. 1, no 1, septembre 1975, p. 5-18.

« Lettre à Victor-Lévy Beaulieu », *la Presse*, mardi 30 septembre 1975.

« Pourquoi je suis désenchanté du monde merveilleux de Roger Lemelin », *le Devoir*, samedi 7 août 1976, p. 5.

« Le texte ou le silence marginal ? », *Mainmise*, no 64, novembre 1976, p. 18-19.

« Compendium » et « Après le 15 novembre 1976 », *Québec français*, décembre 1976, p. 24-25.

« Réflexions à quatre voix sur un thème québécois » (Article en coll. avec
    M. Lalonde, G. Miron et P. Vadeboncoeur), *Change*, mars 1977, p.
    5-10.
« Le Québec : une culture française originale », *Forces*, no 38, 1977, p. 38-39.

4) *Les oeuvres radiophoniques*

La Toile d'araignée, radio-théâtre, diffusé le 29 juillet 1954 (45 min., 34 p.).
Confession d'un héros, diffusé le 21 mai 1961 (30 min., 16 p.).
Don Quichotte, le héros tragique, diffusé le 8 septembre 1966.
De retour le 11 avril, diffusé le 11 août 1968.
Borduas et le Refus global, diffusé le 18 octobre 1968.
Nietzsche, texte écrit pour la série « Philosophes et penseurs » ; ne fut jamais
    présenté.

5) *Une comédie musciale*

Ne ratez pas l'espion, en collaboration avec Louis-Georges Carrier et Claude
    Léveillé (jouée au théâtre de la Marjolaine, à compter du 1er juillet
    1966).

6) *Les téléthéâtres*

Le Choix des armes, jamais diffusé. Publié dans *Voix et images du pays V*,
    P.U.Q., Montréal, 1972, p. 189-237.
Passé antérieur, présenté le 28 septembre 1955.
Dernier acte, présenté le 29 mai 1960, sous un pseudonyme : François Lemal.
On ne meurt qu'une fois, en collaboration avec Gilles Sainte-Marie ; présenté
    en trois volets les 5, 12, 19 juillet 1960.
Oraison funèbre, présenté le 3 novembre 1962.
Faux bond, présenté le 22 janvier 1967.
Table tournante, présenté le 22 septembre 1968. Publié dans *Voix et images du
    pays II*, Montréal, Éditions Sainte-Marie, 1969, p. 143-194.
24 heures de trop, présenté le 9 mars 1969 et le 15 mars 1970. Publié dans *Voix
    et images du pays III*, Montréal, P.U.Q., 1970, p. 279-336.
Double sens, présenté le 30 janvier 1972.

7) *Films produits pour l'O.N.F.*

À l'heure de la décolonisation (participation à la réalisation).
À Saint-Henri, le 5 septembre (Hubert Aquin, réalisateur).
La Fin des étés, en collaboration avec Anne-Claire Poirier.
L'Homme vite (Hubert Aquin, producteur).
Jour après jour (participation à la réalisation).
Le Sport et les hommes (Hubert Aquin, réalisateur).

ÉTUDES CONSACRÉES À HUBERT AQUIN

Note : Loin d'être exhaustive, cette rubrique ne mentionne que les livres ou articles ayant contribué, de près ou de loin, à définir la perspective critique dans laquelle cet ouvrage s'est engagé.

Bélanger, Jean, « *L'Antiphonaire* », *Études françaises*, université de Montréal, vol. VI, no 2, p. 214-219.

Brochu, André, « Un clavier de langages, *Prochain épisode*, de Hubert Aquin », dans *l'Instance critique 1961-1973*, Montréal, Leméac, 1974, p. 359-368.

Chesneau, Albert, « Déchiffrons *l'Antiphonaire* », *Voix et images*, vol. 1, no 1, p. 26-34.

Iqbal, Françoise, « Hubert Aquin, grand prêtre de l'écriture », *Québec français*, no 24, décembre 1976, p. 23 et 26-28.

Lefebvre, Jocelyne, « *Prochain épisode* ou le refus du livre », *Voix et images du pays V*, Montréal, Les Presses de l'université du Québec, 1972, p. 141-164.

Legris, Renée, « Les structures d'un nouveau roman, *Prochain épisode* », *les Cahiers de Sainte-Marie*, vol. 1, mai 1966, p. 25-32.

Le Québec littéraire 2 (ouvrage en collaboration), Montréal, Guérin, 1976, 157 p.

Maccabée-Iqbal, Françoise, *Hubert Aquin, romancier*, Presses de l'université Laval, coll. « Vie des lettres québécoises », no 16, 1978, 288 p.

Marcotte, Gilles, « Hubert Aquin contre H. de Heutz », *les Bonnes Rencontres*, Montréal, H.M.H., coll. « Échanges », 1971, p. 188-191.

Martel, Jean-Pierre, « *Trou de mémoire* : oeuvre baroque (essai sur le dédoublement et le décor) », *Voix et images du pays VIII*, Montréal, Les Presses de l'université du Québec, 1974, p. 67-104.

Mélançon, Robert, « Le téléviseur vide ou comment lire *l'Antiphonaire* », *Voix et images*, vol. III, no 2, décembre 1977, p. 244-265.

Pelletier, Jacques, « Sur *Neige noire* — l'Oeuvre ouverte de Hubert Aquin », *Voix et images*, Vol. 1, no 1, septembre 1975, p. 19-25.

Smart, Patricia, *Hubert Aquin, agent double — la Dialectique de l'art et du pays dans « Prochain épisode » et « Trou de mémoire »*, Montréal, Presses de l'université de Montréal, coll. « Lignes québécoises », 1973, 138 p.

— « *Neige noire*, *Hamlet* et la coïncidence des contraires », *Études françaises*, vol. II, no 2, Les Presses de l'université de Montréal, Montréal, 1975, p. 151-160.

Voix et images (en collaboration), vol. 1, no 1, septembre 1975 ; dossier « Hubert Aquin et le jeu de l'écriture ».

OUVRAGES GÉNÉRAUX

Auerbach, Erich, *Mimésis, la Représentation de la réalité dans la littérature occidentale*, Paris, Gallimard, 1977 (1968), 560 p.

Barthes, Roland, *Leçon*, Paris, Seuil, 1978, 46 p.

Bataille, Georges, *la Littérature et le mal*, Paris, Gallimard, 1957, 247 p.

Blanchot, Maurice, *l'Espace littéraire*, Paris, Gallimard, 1955, 382 p.

— *le Livre à venir*, Paris, Gallimard, 1959, 374 p.

Bouthillette, Jean, *le Canadien français et son double*, Montréal, l'Hexagone, 1972, 101 p.

Dällenbach, Lucien, *le Récit spéculaire. Essai sur la mise en abyme*, Paris, Seuil, 1977, 258 p.

Foucault, Michel, « Le langage à l'infini », dans *Tel quel*, automne 1963, no 15. p. 44-53.

— *les Mots et les choses. Une archéologie des sciences humaines*, Paris, Gallimard, 1966, 400 p.

Genette, Gérard, *Figures III*, Paris, Seuil, 1972, 282 p.

Jolles, André, *Formes simples*, Paris, Seuil, 1972, 213 p.

Kristeva, Julia, *le Texte du roman*, Approaches to semiotics no 6, La Haye, Mouton, 1971, 209 p.

Lacan, Jacques, « Le stade du miroir comme formateur de la fonction du je », dans *Écrits*, Paris, Seuil, coll. « Points », 1970, p. 89-97.

Malraux, André, *l'Homme précaire et la littérature*, Paris, Gallimard, 1977, 331 p.

Marcotte, Gilles, *le Roman à l'imparfait*, Montréal, Éditions La Presse, 1976, 194 p.

Nepveu, Pierre, *les Mots à l'écoute. Poésie et silence chez Fernand Ouellette, Gaston Miron et Paul-Marie Lapointe*, Presses de l'université Laval, coll. « Vie des lettres québécoises », no 17, 1979, 292 p.

Paulhan, Jean, *les Fleurs de Tarbes, ou la terreur dans les Lettres*, Paris, Gallimard, coll. « Idées », 1941, 168 p.

Peignot, Jérôme, *De l'écriture à la typographie*, Paris, Gallimard, coll. « Idées », 1967, 242 p.

Ricardou, Jean, *le Nouveau Roman*, Paris, Seuil, coll. « Écrivains de toujours », 1973, 192 p.

Robert, Marthe, *Roman des origines et origines du roman*, Paris, Gallimard, 1976, (Grasset, 1972), 364 p.

Todorov, Tzvetan, *Poétique de la prose*, Paris, Seuil, 1971, 252 p.

OEUVRES LITTÉRAIRES DIVERSES

Note : Sont cités dans cette rubrique, sans distinction de genres ni de pays, les ouvrages littéraires qui en quelque sorte servent de *fond* à cette étude.

Apollinaire, Guillaume, *les Onze mille verges*, « J'ai lu », 1976, 127 p.

Archambault, Gilles, *Stupeurs, Proses*, Montréal, Éditions du Sentier, 1979, 77 p.

Balzac, Honoré de, *Ferragus, chef des Dévorants*, Paris, Livre de poche, 1966, 255 p.

Beaulieu, Victor-Lévy, *Jos connaissant*, Montréal, VLB éditeur, 1978, 266 p.

Bessette, Gérard, *le Libraire*, Cercle du Livre de France-Poche, Montréal, 1960.

Blais, Marie-Claire, *Une saison dans la vie d'Emmanuel*, Montréal, Éditions du Jour, 1965.

— *les Voyageurs sacrés*, H.M.H., Montréal, 1969.

Boccace, Giovanni, *le Décaméron*, Paris, Garnier Frères, 1963.

Böll, Heinrich, *l'Honneur perdu de Katharina Blum*, Paris, Livre de poche, 1978, 123 p.

Borges, Jorge Luis, *l'Aleph*, Paris, Gallimard, coll. « l'Imaginaire », 1967, 218 p.

— *Fictions*, Paris, Gallimard, 1957, 186 p.

Buzzati, Dino, *le Désert des Tartares*, Paris, Livre de poche, 1977, 242 p.

Céline, Louis-Ferdinand, *Guignol's band*, Paris, Folio, 1972 (Gallimard, 1951), 378 p.

— *le Pont de Londres*, Paris, Folio, 1972 (Gallimard, 1964), 499 p.

Cervantes, Miguel de, *l'Ingénieux hidalgo Don Quichotte de la Manche*, Paris, Garnier-Flammarion, 1969, 2 tomes.

Cortázar, Julio, *les Armes secrètes*, Paris, Folio, 1973 (Gallimard, 1963), 309 p.

— *Cronopes et fameux*, Paris, Gallimard, coll. « Du monde entier », trad. 1977, 165 p.

— *Gîtes*, Paris, Gallimard, coll. « Du monde entier », trad. 1968, 250 p.

Diderot, Denis, *Jacques le fataliste et son maître*, Paris, Gallimard, coll. « Folio », 1973, 373 p.

Ducharme, Réjean, *l'Avalée des avalés*, Paris, Gallimard, 1966.

— *l'Océantume*, Paris, Gallimard, 1968, 190 p.

Ferron, Jacques, *Contes*, Montréal, H.M.H., 1968, 210 p.

Flaubert, Gustave, *l'Éducation sentimentale*, Paris, Garnier-Flammarion, 1969, 445 p.

— *Madame Bovary*, Paris, Livre de poche, 1969, 503 p.

Fuentes, Carlos, *la Mort d'Artemio Cruz*, Paris, Folio, 1976, (Gallimard, 1966), 402 p.

Galland, Antoine (traducteur), *les Mille et une nuits*, Paris, Garnier-Flammarion, 1965, 3 tomes.

Giguère, Roland, *Forêt vierge folle*, Montréal, l'Hexagone, 1978, 219 p.

Godbout, Jacques, *Salut Galarneau* !, Paris, Éditions du Seuil, 1967, 160 p.

Hébert, François, *Holyoke, ou les ongles noirs de pierre*, Montréal, Éditions Quinze, coll. « Prose entière », 1979, 300 p.

Hébert, Louis-Philippe, *la Manufacture de machines*, Éditions Quinze, Montréal, 1976, 143 p.

— *Manuscrit trouvé dans une valise*, Montréal, Éditions Quinze, coll. «Prose entière », 175 p.

Hesse, Hermann, *le Loup des steppes*, Paris, Livre de poche, 1977 (Calmann-Lévy, 1947), 224 p.

Joyce, James, *Ulysse*, Paris, Livre de poche, 1970 (Gallimard, 1948), 704 p.

Kafka, Franz, *le Château*, Paris, Folio, 1977 (Gallimard, 1965), 531 p.

— *le Procès*, Paris, Folio, 1972 (Gallimard, 1933), 378 p.

Kundera, Milan, *la Plaisanterie*, Paris, Folio, 1978 (Gallimard, 1968), 498 p.

Lautréamont, Isidore Ducasse comte de, *les Chants de Maldoror*, Paris, Garnier-Flammarion, 1969, 307 p.

Malraux, André, *la Condition humaine*, Paris, Folio, 1973 (Gallimard, 1946), 284 p.

— *l'Espoir*, Paris, Folio, 1972 (Gallimard, 1937), 503 p.

Mann, Thomas, *la Mort à Venise*, Paris, Livre de poche, 1977 (Fayard, 1971), 189 p.

Musil, Robert, *l'Homme sans qualités*, Paris, Folio, 1973 (Seuil, 1957), 4 tomes.

Nabokov, Vladimir, *Lolita*, Paris, Folio, 1979 (Gallimard, 1959), 502 p.

Ouellette, Fernand, *Tu regardais intensément Geneviève*, Montréal, Éditions Quinze, coll. « Prose entière », 1978, 184 p.

Pavel, Thomas, *le Miroir persan*, Montréal, Éditions Quinze, coll. «Prose entière », 1977, 145 p.

Paz, Octavio, *Liberté sur parole*, Paris, Gallimard, coll. «Poésie », 1966, 190 p.

Roy, Gabrielle, *Bonheur d'occasion*, Montréal, Beauchemin, 1965 (1945), 345 p.

Sabato, Ernesto, *le Tunnel*, Paris, Seuil, 1978 (Sur, 1948), 137 p.

Sade, François de, *Justine ou les infortunes de la vertu*, Paris, Éditions 10/18, 1972 (U.G.E., 1969), 318 p.

— *la Philosophie dans le boudoir*, Paris, Gallimard, coll. « Folio », 1976.

Shakespeare, William, *la Tragique histoire d'Hamlet, prince du Danemark* (trad. André Gide), Paris, Gallimard, coll. « la Pléiade », dans *Oeuvres complètes*, t. 2, 1959, p. 613-702.

Thériault, Yves, *Contes pour un homme seul*, Montréal, H.M.H., 1965, 204 p.

Tolkien, J.R.R., *Faërie*, Paris, Éditions 10/18, 1978 (Bourgeois, 1974), 217 p.

Undset, Sigrid, *Christine Lavransdatter*, Paris, Stock, 1975, 651 p.

Vian, Boris, *l'Écume des jours*, Paris, Éditions 10/18, 1972 (Pauvert, 1963), 184 p.

Je tiens à remercier très sincèrement Monsieur François Hébert, qui m'a amicalement guidé tout au long de mes recherches, pour l'aide précieuse qu'il a apportée à la réalisation de cet ouvrage.

Mes remerciements vont également à Monsieur Gilles Marcotte, professeur au Département d'études françaises de l'université de Montréal, pour son attentive lecture et pour ses multiples recommandations.

R.L.

Table des matières

Introduction : Commencement, fin 9

1 PROCHAIN ÉPISODE : *L'essentiel manquant* 19
  L'écriture divisée 21
  Le fil coupé d'Ariane 33

2 TROU DE MÉMOIRE : *Images cachées de la mort* 51
  L'Éden et le miroir 53
  Les signes chus 75

3 L'ANTIPHONAIRE : *Cercles de la terreur* 81
  Noms maudits 83

4 NEIGE NOIRE : *Le monde béant* 107
  Tumulte 109
  Noms sacrés 117

5 *L'imaginaire captif* 137
  Le texte à l'infinitif 139
  L'oeuvre dispersée, la mort manquante 155

Conclusion: Les dieux absents 167

Bibliographie 175

Dans la même collection

Le philosophe chat ou les ruses du désir

par Roger Savoie

Un livre qui veut vous apprendre à redevenir animal, à rendre les concepts fous, à bloquer un système. Un livre qui porte atteinte à la pensée et ouvre la porte à la puissance de la non-pensée. Le chat est peut-être le plus intelligent des animaux.

La littérature et le reste (livre de lettres)

par André Brochu et Gilles Marcotte

Pendant un peu plus d'un an, André Brochu et Gilles Marcotte se sont écrit des lettres. Ils parlent de littérature, évidemment ; mais aussi du « reste » puisque pour eux la littérature ne se fait pas en vase clos. S'il s'agit d'un débat, tous deux s'y déclarent à la fois perdants et gagnants.

Dans la collection Prose entière

dirigée par François Hébert

1. Hubert Aquin, BLOCS ERRATIQUES, textes (1948-1977) rassemblés et présentés par René Lapierre, 1977.
2. Thomas Pavel, LE MIROIR PERSAN, nouvelles, 1977.
3. Gabrielle Roy, FRAGILES LUMIÈRES DE LA TERRE, écrits divers (1942-1970), 1978.
4. Robert Marteau, L'OEIL OUVERT, chroniques d'art, 1978.
5. Fernand Ouellette, TU REGARDAIS INTENSÉMENT GENEVIÈVE, roman, 1978.
6. François Hébert, HOLYOKE, roman, 1979.
7. Louis-Philippe Hébert, MANUSCRIT TROUVÉ DANS UNE VALISE, nouvelles, 1979.
8. Gilles Archambault, LES PLAISIRS DE LA MÉLANCOLIE, textes, 1980.
9. Suzanne Robert, LES TROIS SOEURS DE PERSONNE, roman, 1980.
10. Fernand Ouellette, LA MORT VIVE, roman, 1980.
11. Madeleine Monette, LE DOUBLE SUSPECT, roman, 1980.
12. Claude Bouchard, LA MORT APRÈS LA MORT, roman, 1980.
13. Christine Latour, LE MAUVAIS FRÈRE, roman, 1980.
14. Robert Baillie, LA COUVADE, roman, 1980.
15. François Hébert, LE RENDEZ-VOUS, roman, 1980.
16. Pierre Turgeon, LA PREMIÈRE PERSONNE, roman, 1980.
17. François Barcelo, AGÉNOR, AGÉNOR, AGÉNOR ET AGÉNOR, roman, 1981.
18. Robert Marteau, ENTRE TEMPS, récit, 1981.

Achevé d'imprimer sur les presses de
L'IMPRIMERIE ELECTRA*
*Division de l'A.D.P. Inc.

Imprimé au Canada/Printed in Canada